卓越农林人才培养实验实训实习教材

中兽医学实验与实训

主　编

曹立亭　刘　娟

副主编

徐　伟　石达友　马　跃　赵婵娟

编写人员（以姓氏笔画排序）

马　跃　（西南大学）
马　琪　（西南大学）
石达友　（华南农业大学）
毕师诚　（西南大学）
任秋敏　（成都市华茜宠物医院）
刘　芳　（河南农业大学）
刘　娟　（西南大学）
孙振华　（重庆西牧生物科技有限公司）
杜红旭　（西南大学）
何先林　（重庆三峡职业学院）
范才良　（荣昌区动物疫病预防控制中心）
罗艺晨　（西南大学）
赵婵娟　（重庆三峡职业学院）
郝永峰　（重庆三峡职业学院）
倪敬轩　（西南大学）
徐　伟　（浙江大学）
黄家雨　（泸州欣旺动物医院）
曹立亭　（西南大学）
董世起　（西南大学）

西南大学出版社
SWUP　国家一级出版社　全国百佳图书出版单位

图书在版编目（CIP）数据

中兽医学实验与实训 / 曹立亭，刘娟主编. -- 重庆：西南大学出版社，2023.7
ISBN 978-7-5697-1878-2

Ⅰ. ①中… Ⅱ. ①曹… ②刘… Ⅲ. ①中兽医学—实验—高等学校—教学参考资料 Ⅳ. ①S853-33

中国国家版本馆CIP数据核字(2023)第108488号

中兽医学实验与实训

主编　曹立亭　刘　娟

责任编辑：杨光明
责任校对：张浩宇
装帧设计：观止堂_朱　璇
排　　版：夏　洁
出版发行：西南大学出版社
印　　刷：重庆紫石东南印务有限公司
幅面尺寸：195 mm×255 mm
印　　张：8.25
字　　数：179千字
版　　次：2023年7月 第1版
印　　次：2023年7月 第1次印刷
书　　号：ISBN 978-7-5697-1878-2

定　　价：38.00元

卓越农林人才培养实验实训实习教材

总编委会

总序
TOTAL PREFACE

2014年9月，教育部、农业部（现农业农村部）、国家林业局（现国家林业和草原局）批准西南大学动物科学专业、动物医学专业、动物药学专业本科人才培养为国家第一批卓越农林人才教育培养计划改革试点项目。学校与其他卓越农林人才培养高校广泛开展合作，积极探索卓越农林人才培养的模式、实训实践等教育教学改革，加强国家卓越农林人才培养校内实践基地建设，不断探索校企、校地协调育人机制的建立，开展全国专业实践技能大赛等，在卓越农林人才培养方面取得了巨大的成绩。西南大学水产养殖学专业、水族科学与技术专业同步与国家卓越农林人才教育培养计划专业开展了人才培养模式改革等教育教学探索与实践。2018年9月，教育部、农业农村部、国家林业和草原局发布的《关于加强农科教结合实施卓越农林人才教育培养计划2.0的意见》（简称《意见2.0》）明确提出，经过5年的努力，全面建立多层次、多类型、多样化的中国特色高等农林教育人才培养体系，提出了农林人才培养要开发优质课程资源，注重体现学科交叉融合、体现现代生物科技课程建设新要求，及时用农林业发展的新理论、新知识、新技术更新教学内容。

为适应新时代卓越农林人才教育培养的教学需求，促进“新农科”建设和“双万计划”顺利推进，进一步强化本科理论知识学习与实践技能培养，西南大学联合相关高校，在总结卓越农林人才培养改革与实践的经验基础之上，结合教育部《普通高等学校本科专业类教学质量国家标准》以及教育部、财政部、发展改革委《关于高等学校加快“双一流”建设的指导意见》等文件精神，决定推出一套“卓越农林人才培养实验实训实习教材”。本套教材包含动物科学、动物医学、动物药学、中兽医学、水产养殖学、水族科学与技术等本科专业的学科基础课程、专业发展课程和实践等教学环节的实验实训实习内容，适合作为动物科学、动物医学和水产养殖学及相关专业的教学用书，也可作为教学辅助材料。

本套教材面向全国各类高校的畜牧、兽医、水产及相关专业的实践教学环节，具有较广泛的适用性。归纳起来，这套教材有以下特点：

1.准确定位，面向卓越 本套教材的深度与广度力求符合动物科学、动物医学和水产养殖学及相关专业国家人才培养标准的要求和卓越农林人才培养的需要，紧扣教学活动与知识结构，对人才培养体系、课程体系进行充分调研与论证，及时用现代农林业发展的新理论、新知识、新技术更新教学内容以培养卓越农林人才。

2.夯实基础，切合实际 本套教材遵循卓越农林人才培养的理念和要求，注重夯实基础理论、基本知识、基本思维、基本技能；科学规划、优化学科品类，力求考虑学科的差异与融合，注重各学科间的有机衔接，切合教学实际。

3.创新形式，案例引导 本套教材引入案例教学，以提高学生的学习兴趣和教学效果；与创新创业、行业生产实际紧密结合，增强学生运用所学知识与技能的能力，适应农业创新发展的特点。

4.注重实践，衔接实训 本套教材注意厘清教学各环节，循序渐进，注重指导学生开展现场实训。

"授人以鱼，不如授人以渔。"本套教材尽可能地介绍各个实验（实训、实习）的目的要求、原理和背景、操作关键点、结果误差来源、生产实践应用范围等，通过对知识的迁移延伸、操作方法比较、案例分析等，培养学生的创新意识与探索精神。本套教材是目前国内出版的能较好落实《意见2.0》的实验实训实习教材，以期能对我国农林的人才培养和行业发展起到一定的借鉴引领作用。

以上是我们编写这套教材的初衷和理念，把它们写在这里，主要是为了自勉，并不表明这些我们已经全部做好了、做到位了。我们更希望使用这套教材的师生和其他读者多提宝贵意见，使教材得以不断完善。

本套教材的出版，也凝聚了西南大学和西南大学出版社相关领导的大量心血和支持，在此向他们表示衷心的感谢！

总编委会

前言
PREFACE

《中兽医学实验与实训》是中兽医学课程的配套实验教材，实验与实训是理论联系实践的重要环节。鉴于全国各农业院校动物医学专业人才培养方案的调整，以及近年来畜牧兽医专业服务对象的变化，现有教材凸显出一些不太适应当前社会和行业发展的问题。譬如，很多院校“中兽医学”课程学时数缩减，中兽医药服务诊疗对象由猪、牛、羊转向犬、猫、鸡，甚至仓鼠、龙猫、荷兰猪等动物，因此亟待调整部分实验实训内容，以适应今后理论和实验教学需要。为此，编写具有一定水平且与《中兽医学》教材相配套的《中兽医学实验与实训》很有必要。

本教材分为中兽医学实验与实训概述、中兽医学实验与实训基础知识、中兽医学实验、中兽医学临床实训四部分内容。所列入的实验与实训项目，包括实验目的、实验材料（动物、药物和器材）、实验方法、结果观察以及分析讨论。编写过程中，根据教学与形势的需要，既保留了中兽医学传统技术的特色，又注意吸收了现代兽医学的先进实验技术。本实验与实训教材可供全国高等农业院校动物医学专业和中兽医学专业中兽医相关实验课程教学之用，对其他从事中兽医药研究工作的人员，也有一定的参考意义。

本实验与实训教材得到了西南大学动物医学院领导的关心、中兽医学系全体教师们的大力支持和帮助。部分长期从事中兽医临床工作的同志参加了本书部分内容的编写和审定，其中有范才良正高级兽医师、黄家雨院长、任秋敏兽医师和孙振华兽医师，同时得到中兽医学系硕士研究生黄欢、桂福星、杨萍瑞、柳硕、李锡锋、杜林、张丽芳等同学的帮助。在此一并表示衷心的感谢。

由于本实验与实训教材涉及中兽医学的各个知识点，又是初次编写，在内容和方法上可能存在不足，不妥之处恳盼同道指教，以便使本书随着时代发展和不断修订而日臻完善。

编者

目录 CONTENTS

第一部分 中兽医学实验与实训概述

第二部分 中兽医学实验与实训基础知识

第三部分 中兽医学实验

第四部分 中兽医学临床实训

第一部分

中兽医学实验与实训概述

一、中兽医学实验与实训的目的

中兽医学实验与实训是中兽医基础理论、中兽医诊断学、兽医中药学、中兽医方剂学及兽医针灸学等理论课的配套课程，也是学生学习中兽医的主要实践环节，不仅能强化理论课的教学内容，还具有特定的教育作用。中兽医学实验与实训课结合了中兽医学专业多门课程的内容，使抽象理论直观化，所学知识系统化，中兽医的理、法、方、药得以完整呈现，中兽医防治疾病的神奇效果得到验证，从而加深学生对中兽医知识的理解和掌握。

开展中兽医学实验与实训课教学的目的在于：

(1)通过实验与实训，学习和掌握基本操作技能，具备实验结果分析能力、实验报告和门诊病历处方的撰写能力；培养提出问题、分析问题、解决问题的科学思维能力，养成实事求是、严谨求实的工作态度和规范操作、分工协作的工作作风。

(2)验证中兽医学的基本理论，牢固地掌握中兽医学的基本概念、基础理论、基础知识和基本技能。

二、中兽医学实验与实训的要求

一次完整的实验课包括实验前、实验中和实验后3个环节。

1. 实验前

(1)应仔细预习实验教材，了解实验内容，包括实验目的和原理、实验方法和步骤、观察项目以及注意事项。

(2)结合实验内容，对所学有关理论知识(包括本学科和相关学科知识)进行复习，事先加深理解，力求提高实验课的教学效果，同时对实验可能出现的结果进行预测，并应用所学理论知识予以分析阐释。

2. 实验中

(1)认真听取实验指导教师对实验内容的讲解，仔细观察示教操作的演示。实验过程中要特别注意实验指导教师重点强调易出问题的地方。

（2）实验所用器材要摆放整齐、布置稳当、合理选用。

（3）按照实验指导中所列出的实验方法和步骤，认真操作，不可随意变动实验操作过程。

（4）实验小组成员应提前预习实验教材相关内容，掌握实验目的、要求、方法和步骤，积极参与完成各项实验操作，力求达到每个实验项目的能力要求。

（5）实验过程中，应认真操作，仔细观察，如实记录，分析思考。

（6）实验操作过程中，严格按照操作规程规范操作，避免被实验动物抓伤、咬伤，一旦发生意外应立刻向指导老师报告，并进行妥善处理。

（7）实验操作过程中，若遇到疑难之处，先根据自己所学知识或通过查阅文献资料设法予以排除。解决不了时，应向指导老师汇报情况，请求给予协助解决。

（8）对于没有达到预期结果的实验项目，要及时分析原因，条件允许的情况下进行重复实验。

（9）要珍惜实验条件和机会，保证每次实验课的课程质量，尊重动物生命和保障动物福利，严禁在实验过程中大声喧哗、嬉笑打闹。

3. 实验后

（1）各组记录整理本组实验结果，整理实验器材，放到指定的存放位置。如发现器材和设备损坏或缺少，应立即向指导老师报告真实情况，并登记在册。

（2）各组清理好自己的实验场地，使用过的实验动物应按要求处理，注意取下连在动物身上的器械和装置。经指导老师或实验技术人员检查后方可离开实验室。

（3）仔细整理、收集实验数据资料，结合中兽医学相关理论知识对实验结果进行分析讨论。

（4）认真撰写实验报告，按时送交指导老师评阅。

第二部分

中兽医学实验与实训基础知识

一、实验设计的意义

实验设计是为了解决如何做好实验的有关设计或安排实验方法，衡量实验设计方案是否合理，能否用比较少的人力、物力和时间，得到较为可靠的实验结果，并且能够准确地控制和估计误差大小，使多种实验因素包括在较少次数的实验中，达到高效的目的。在中兽医学实验研究中，无论实验室研究、临床疗效观察或现场调查，在制订研究计划时，都应根据实验的目的和条件，结合统计学的要求，针对实验的全过程，认真考虑实验设计问题。一个周密而完善的实验设计，能合理地安排各种实验因素，严格地控制实验误差，从而用较少的人力、物力和时间，最大限度地获得丰富而可靠的数据资料。总之，实验设计是实验过程的依据，是实验数据处理的前提，也是提高科研成果质量的一个重要保证。

二、实验设计的基本内容

（一）拟订相互比较的处理

所谓处理，是指在实验研究中欲施加给受试对象的某些因素，也就是实验研究中确定要对研究者实施的某个特定的处理因素，通过比较得出结果。

（二）确定实验对象及其数量

实验对象是实验所用的动物或活体组织标本等。实验设计过程中，要根据实验的目的与观察内容，明确规定采用什么样的实验对象，实验对象中的每个实验单位必须具备的条件与要求，以保证受试对象的一致性。实验对象需要有一定的数量，例数不能太少，也不宜过多。

（三）确定各实验对象的分配原则

分配原则主要是指随机分配或随机化问题。

（四）拟订观察项目和登记

要根据实验研究的目的和任务，拟订对说明实验结论最有意义，并具有一定特异性、灵敏性、客观性的观察项目，并做好登记。

(五)拟订数据资料的处理预案

对将获得的数据资料准备如何进行处理，要计算哪些统计指标，用什么统计分析方法等，事先必须有初步的设想，并根据实际情况选用合适的统计方法。

三、实验设计的基本原则

从统计方面说，实验设计应该主要考虑对照、随机、重复等三大问题，即实验设计的三大基本原则。

(一)对照原则

保证实验组和对照组的非处理因素处于对等状态，其结果是实验误差得到相应的抵消或减小。对照原则形式上有空白对照、实验对照、标准对照、自身对照等。必须使实验组中的非处理因素和对照组中的非处理因素均衡一致，突出实验的处理因素，减少非处理因素对结果的影响。

(二)随机原则

保证研究的样本是从总体中任意抽取的，即抽取时要使每单位都有同等的机会被抽取，以减少实验误差和人为因素的干扰。

(三)重复原则

重复可消除偶然性造成的误差，样本越多，次数越多，结果就越客观真实，误差越小。消除偶然误差在实际操作中有一定的困难，因此，必须对选取的样本数目有一个估计，以增强实验的敏感而减少样本数量。

四、实验设计的常用方法

(一)完全随机分组设计

完全随机分组设计是最常见的一种考察单因素两水平或多水平间的效应有无差别的实验设计方法。受试对象完全按照随机原则分配到试验组和对照组，对其效应进行平行观察，最后对结果进行成组比较的统计分析。

(二)配对设计

配对设计是将受试对象按一定条件配成对子,再将每对中的两个受试对象随机分配到不同处理组。配对的因素为可能影响实验结果的主要非处理因素。

(三)随机区组设计

随机区组设计又称配伍组设计,为配对设计的扩展,是将受试对象条件相同或相近者组成若干区组,再将每个区组中的各受试对象随机分配到各处理组。每个区组中包含的受试对象数等于处理组数。随机区组设计可保证区组内的受试对象有较好的同质性,组间均衡性较好,与完全随机分组设计相比可以提高实验效率。

五、实验记录的基本知识

实验记录是对科研活动的真实描述和记载,包括各种载体的文字、图表。

(一)实验记录的书写要求

(1)实验原始记录须记载于有连续页码编号的正式实验记录本上,不得缺页或挖补。

(2)实验记录本首页一般作为目录页,可在实验开始后陆续填写,或在实验结束时统一填写。

(3)每次实验须按年、月、日顺序在实验记录本相关页码右上角或左上角记录实验日期和时间,也可记录实验条件如天气、温度、湿度等。

(4)实验记录字迹要工整,采用规范的专业术语、计量单位及外文符号,英文缩写第一次出现时须注明全称及中文译名。使用蓝色或黑色钢笔、碳素笔记录,不得使用铅笔或易褪色的笔(如油性笔等)记录。

(5)实验记录需修改时,采用画线方式去掉原书写内容,但须保证仍可辨认,然后在修改处签字,避免随意涂抹或完全涂黑。空白处可标记“废”字或打“×”。

(6)实验记录中应如实记录实际所做的实验,实验结果、表格、图片均应直接记录或装订在实验记录本中,成为永久记录。

(7)实验记录本应作为发表论文和实验室科技档案管理的必备文件。毕业生应在离校前将全部实验记录和其他科研资料上交实验室保管和存档,不得随意处置或丢弃。

(二)实验记录的具体内容

(1)实验日期:包括年、月、日和当天具体时辰。

(2)实验名称。

(3)实验目的。

(4)实验材料。

(5)实验试剂:包括名称、批号、厂家、浓度、溶剂、保存条件。

(6)实验仪器:包括名称、型号、供货厂商。

(7)实验动物:包括品系、来源、年龄、性别、数量。

(8)实验方法:详细描述实验步骤。

(9)实验结果:包括所收集的原始数据、可视图及实验结果的整理。

(10)出现的问题:应分析其可能的原因及解决方法,并详细记录于实验记录本上。

(11)实验小结:对实验结果进行简短的总结和解释,将有助于指导后续的研究,包括主要结论、存在问题、改进方法和实验体会等。

(三)实验记录的注意事项

(1)实验记录不允许隔天记录。

(2)保持实验记录的真实性和完整性,记录时间(年、月、日)。

(3)原始数据(包括照片)必须贴在当天的实验结果栏内,不要保留在公共计算机里。

(4)即便是阴性结果,也必须保留。不能仅记录符合主观想象的内容和自认为成功的实验结果。

(5)定期整理、分析数据,并向指导老师汇报。

六、实验结果的处理和实验报告的撰写

(一)实验结果处理的基本方法

实验完毕后,应及时对实验中观察到的现象、测量的数据进行计算、分析和整理,进行去粗取精、去伪存真的工作,从中得到最终的结论和找出实验的规律,这一过程称为数据处理。实验数据处理是实验工作中一个不可缺少的环节,下面介绍实验数据处理常用的几种方法。

1. 叙述法

在实验中观察到与实验目的有关的现象,用文字客观地加以描述。描述需要有时间概念和顺序上的先后层次。

2. 列表法

列表法就是将实验中测量的数据、计算过程数据和最终结果等以一定的形式和顺序列成表格。列表法的优点是结构紧凑、条目清晰，可以简明地表示出有关量之间的对应关系，便于分析比较、随时检查错误，易于寻找有关量之间的相互关系和变化规律。

列表的要求：

(1)表格应简单明了(一般采用三线式)，便于看出有关量之间的关系和处理数据。

(2)必须注明表中各符号所代表的物理量、单位。

(3)表中记录的数据必须忠实于原始测量结果、符合有关的标准和规则。

(4)制表时应将观察项目列于表格左侧，由上而下逐项填写；将实验中出现的变化或结果，按时间顺序由左至右逐一填写；各项结果变化数值，可附简要说明。

(5)在表的上方应当写出表格的内容信息(即表名)。

3. 图示法

有些实验结果可用图示方式来表示。图示法就是在专用的坐标纸(可利用有关软件制作)上将实验数据之间的对应关系描绘成图线。通过图线可直观、形象地将有关量之间的对应关系清楚地表示出来，该方法最能反映相关量之间的变化规律。

(二)实验报告的撰写

1. 要求

(1)每位同学均需要独立完成实验报告(表1-1)。用统一格式的实验报告纸书写，每次实验报告按实验班装订成册，学期末将全部实验报告交指导老师考核。

表1-1　中兽医学实验报告

实验题目(名称)			
姓名		专业、班级	
学号		实验日期	
组别		指导教师	
实验目的			
实验原理			
实验材料			
实验方法			

续表

实验结果	
分析讨论	
结论	

(2)实验报告应在规定的时间内由班长或学习委员收齐后,统一交给指导教师批阅,无特殊原因,不得拖延。

(3)实验报告的内容可按每个实验的具体要求来写,文字力求简洁、通顺,字迹要工整、清楚,正确使用标点符号。

(4)每次实验报告的内容如下:

①姓名、专业、班级、组别、实验日期、指导教师等。

②实验题目(名称)、实验目的、实验原理和实验对象。

③ 实验材料(器材、药物)和实验方法。

④ 实验结果:结果是实验中最重要的部分,应将实验过程中所观察到的现象如实、正确地记录,根据实验记录撰写实验报告,不可单凭记忆,否则容易发生错误或遗漏。

⑤分析讨论、结论。

2.整理实验结果

实验结果整理应注意以下几点。

(1)凡属于测量性质的结果,例如高低、长短、快慢、轻重、多少等,均应以正确的单位及数值定量地写出。

(2)有曲线记录的实验,应尽量用原始曲线记录实验结果。在曲线上应有刺激记号、时间记号并加以必要的标注或文字说明。

(3)为了便于比较分析,有些实验的结果,可用表格或绘图来表示。

(4)分析讨论:实验结果的分析是根据所学理论知识对结果进行客观、深入的解释和分析,可以提出并论证自己的观点。实验时要判断是否是预期的实验结果,如果出现非预期的实验结果,应考虑和分析其可能的原因。讨论是实验报告的重要组成部分,体现了学生运用所学知识分析问题的能力、想象能力、文字表达能力,必须独立完成。对有些实验结果进行分析讨论,往往需要查阅一些教科书之外的参考资料。报告不应盲目抄袭书本,要用自己的语言进行表述。鼓励学生根据实验结果提出自己的见解,以及需深入探索的问题,也可提出一些改进实验的合理建议。

(5)结论:实验结论是从实验结果中归纳出的一般性、概念性的判断,也就是这一实验所能验证的概念、原则或理论的简明总结。结论中不应罗列具体的实验结果,在实验中没有得到充分证明的理论分析不应写入结论当中。实验结论的撰写是富有创造性的工作,应开动脑筋,积极思考,认真对待。同学间可适当开展讨论,加深对实验的理解。

七、门诊病历及中兽医药处方书写规范

(一)门诊病历的结构和内容

门诊病历(如表1-2)内容应完整地记录所有诊疗信息,病历第一页最上方记录的是动物主人和动物的相关信息,病历的记录内容可由一页或多页组成。

(二)门诊病历的书写

1. 主述

记录主人描述的此次发病的经过及主要临床症状。

2. 临床诊断

根据望、闻、问、切给出中兽医诊断。

3. 治疗处置措施

根据中兽医临床诊断给予中兽医治疗措施。

表1-2　门诊病历

<table>
<tr><td colspan="8">动物疾病诊断病历(中兽医学)</td></tr>
<tr><td rowspan="2">主人信息</td><td>姓名</td><td colspan="2"></td><td colspan="2">联系方式</td><td colspan="2"></td></tr>
<tr><td colspan="3">居住地址</td><td colspan="4"></td></tr>
<tr><td>动物名字</td><td></td><td>性别</td><td></td><td>品种</td><td></td><td>年龄</td><td></td></tr>
<tr><td colspan="2" rowspan="2">诊断情况</td><td colspan="2">主述</td><td colspan="4"></td></tr>
<tr><td colspan="2">临床辨证</td><td colspan="4"></td></tr>
<tr><td colspan="2">日期</td><td colspan="2"></td><td colspan="2">主治医师签名</td><td colspan="2"></td></tr>
</table>

(三)中兽医药处方的书写

中兽医药处方(表1-3)由以下几个部分构成。

1. 主人及动物相关信息

包括主人的姓名、地址、电话,以及动物的名字、品种、性别、年龄、体重、绝育情况。

2. 处方部分

给予中兽医(包括针灸、中药、推拿、食疗)具体的治疗方案。

3. 签名

主治医生手写签名。

表1-3　中兽医药处方

处 方 笺

______年______月______日

主人姓名:______　地址:______________________　电话:______________

动物名字:______　品种:______　性别:______　年龄:______　体重:______　绝育情况:______

R:

主治医生:__________

第三部分

中兽医学实验

实验一　肺与大肠相表里的实验验证

（一）实验目的

通过观察家兔在气道阻滞、呼吸不畅（肺气不利）的情况下直肠运动曲线的明显变化，加深对“肺与大肠相表里”之中兽医基础理论知识的理解。

（二）实验材料

1. 实验动物

家兔1只，2 kg左右，雌雄不限。

2. 实验药物

舒泰-50或乌拉坦。

3. 实验器材

兔解剖台1个、多道生理记录仪1台、压力换能器1个、三通开关1个、橡皮气囊1个、50~100 mL注射器各1支、纱布块适量。

（三）实验方法和步骤

1. 方法和步骤

（1）用20%乌拉坦，按每千克体重0.05 mg的剂量缓缓注入家兔的耳缘静脉，麻醉后，固定于兔解剖台上。

（2）将橡皮气囊插入直肠内，另一端连接压力换能器，其间安装三通开关。

（3）用注射器经三通开关推入空气，使橡皮气囊内压力达80~100 mmHg（1 mmHg=133 Pa）。

（4）将连接注射器一端的三通开关关闭，接通生理记录仪与压力换能器。

（5）开启生理记录仪，记录家兔在呼吸畅通情况下的直肠运动曲线。

（6）用纱布块阻塞兔的部分呼吸通道，使其呼吸不畅，观察直肠运动曲线有何改变。

（7）解除气道阻力，使呼吸通畅，观察直肠运动曲线是否恢复正常。

（8）将橡皮气囊插入胃内，用上述同样的方法，观察家兔在正常呼吸和部分阻塞呼吸通道时,胃的运动曲线是否有明显的差异。

2.注意事项

用纱布块阻塞兔的呼吸通道过程中,会造成家兔呼吸不畅,此时需注意的是,要采用部分阻塞以免造成家兔窒息而死亡。

(四)结果观察

观察部分呼吸通道阻塞对直肠运动曲线和胃运动曲线的影响。

(五)分析与讨论

试结合中兽医理论"肺与大肠相表里"分析直肠运动曲线改变的机理。

实验二 寒邪与热邪对血液运行的影响

(一)实验目的

观察不同温度下,实验动物肠系膜微循环的变化,进一步加深对"寒则血滞""热则血行"之中兽医基础理论知识的理解。

(二)实验材料

1. 实验动物

牛蛙或蟾蜍。

2. 实验试剂

生理盐水(热、冷)。

3. 实验器材

有孔蛙板1个、剪刀1把、针1根、镊子1把、固定线4根、锥子1把、光学显微镜1台、大头针若干。

(三)实验方法和步骤

1. 操作方法

用锥子破坏牛蛙或蟾蜍的脑和脊髓,使之瘫软,然后将其用固定绳固定于蛙板上,从左侧腹部剪开皮肤,牵出肠系膜,并用大头针固定于蛙板孔上,置于显微镜下观察。

2. 观察方法及项目

首先找到一根较容易分辨的微血管,仔细观察并记录该血管的血流速、血管形态,然后依次滴冷、热生理盐水,观察血流速及肠系膜的变化。

3. 注意事项

(1)破坏脑和脊髓时应操作适当,避免导致动物死亡。

(2)实验过程中应尽量减少出血量。

(四)结果观察

记录实验结果。

(五)分析讨论

(1)寒与热是怎样影响血液运行的？用实验结果说明寒与热的性质与致病特点。

(2)请用“微血管血流速七级分类法”详细描述滴冷、热生理盐水前后血液流动的特征。

附:微血管血流速七级分类法

(1)线流:血流快,呈光滑的索条状,毫无颗粒,形如带。

(2)线粒流:血流呈光滑的索条状,稍有颗粒感,形如绸带。

(3)粒线流:血流较快,连续成线,有明显颗粒感,形如带。

(4)粒流:血流较慢,轴流、缘流混杂如泥沙流,形如麻带。

(5)粒缓流:血流呈泥沙流,连续缓慢流动。

(6)粒摆流:血流呈泥沙流,前后摆动似能向前流。

(7)停滞 :血滞不动。

实验三 药用植物标本采集及蜡叶标本的制作

(一)实验目的

了解如何根据药用植物的特性采集较为理想的中药标本,掌握中药蜡叶标本的制作方法。

(二)实验材料

1. 实验药物

氯化汞、95%乙醇。

2. 实验器材

掘铲、丁字镐、枝剪、高枝剪、采集筒、塑料袋、种子袋、标本夹、线带或帆布袋、记录纸、小号牌、工作日记、铅笔、胶水、标本签、草纸、标本台纸。

(三)方法和步骤

1. 采集

(1)采集具有代表性的完整标本

采集药用植物的根、茎、叶、花、果实等,力求齐全,并突出药用部位;采集生长发育正常、无病虫害或损伤的植株,其大小以不超过一张台纸的长度为宜。大的植株可适当修剪,切勿任意以手折断,必要时可酌情将茎弯折;植株矮小的草本植物一般采集全株,过小者,可用纸包好,连纸包一起压制;对于过大的植株,为了说明全株特征,可酌情按根、茎、叶、花、果实等分别进行采集。有些水生植物,全株浮生水面,根生水中,应设法一并采集;寄生植物应同时采集寄主;雌、雄异株植物,应注意将雌、雄两株采齐;有变异的植株,也要注意多采几株;要根据花果期的不同分别在不同时期进行采集。每采集一种植物,应尽快地放入采集箱或塑料袋内,以免叶、花萎缩卷曲,影响标本质量。每一种标本通常采集3~5份,以供鉴定、交换、保存等用。

(2)做好标本编号和采集记录

每采集一件标本,应用铅笔在一小硬纸牌上标注好编号和采集日期,并系于标本上。同一植株的若干部分,只能编注同一号码。采集记录的内容应包括植物名称、植物地方名、采集地点、生态环境、性状、花果及用途等信息，以帮助了解药物情况。

2. 压制

(1)初步整理

压制前可适当进行整形处理，修去多余的枝叶、花果，洗去根部的泥土、砂石。对于某些肉质植物的肉质茎、块根、块茎等不易压干者，可先放入开水中温烫30 s后再压制，或切成两半后再压制。

(2)压制过程

将标本夹放平，上置3~4层或7~8层草纸，草纸层的多少，视标本含水量的多寡及吸水纸的质量而定；然后，将标本平整地摊放在草纸上，切不可互相重叠覆盖，勿让叶子卷曲，正、反面的叶子分别进行压制，花、果实按其野生状态展放。体积小的标本，不应折叠；较大且超过草纸面积的可适当折叠成"V"字形或"N"字形。标本放在干燥草纸上后需再盖上一层干草纸，以后每隔一层草纸放一份标本，边整理、边压制，当标本压制到一定高度后，再盖上标本夹。然后用绳带捆扎，松紧适宜。一般新鲜植物，由于含水量较大，易发霉变质，因此必须每日更换草纸1~2次，以后视标本的干燥情况，每隔1~2 d更换一次草纸；待标本的水分慢慢吸干后，可将标本逐步捆紧，并置于阳光下晾晒，加快水分蒸发，一般经7~10 d后就不再需要继续更换草纸。如果是水生或肉质多浆植物，应勤换干草纸，压制时间也要更长一些。每次换下的草纸，必须及时晒干或烘干，以备再用。更换草纸过程中，若有叶、花、果实脱落，应随时将脱落部分装入纸袋内，并记上采集号，附于该份标本，切勿丢弃。

(3)标本消毒

为防止标本因发霉、虫蛀而变质，上台纸前，应进行消毒。

① 消毒液配制：取1 g氯化汞，置于1 000 mL 95%的乙醇溶液内，配制成浓度为0.1%的溶液，摇动使其溶解均匀。

② 消毒法：将标本放在氯化汞、乙醇溶液内浸湿，取出，待乙醇挥发后，即可上台纸。

(4)上台纸

① 确定位置：标本平放于台纸中央，较大或较长的标本可以倾斜放置，并注意在右下角和左上角留出适当空间，以便用于标签的粘贴。

② 粘贴标本：在标本反面用毛笔涂上一层胶水，将其粘贴于台纸的适当位置。

③ 加固整理：贴好的标本夹在草纸中，并用重物压平。待胶水干后，再用细棉线将标本的根、枝、果实等处钉牢。标本掉落的果实、种子等部分，应放入种子袋中，并钉在台纸上。

④ 贴标签:在台纸的左上角贴上采集记录纸,右下角贴上鉴定植物的标签。

(5)鉴定

一般可根据全国或地方的植物志鉴定植物的学名。学名鉴定完毕后,将该药用植物的中文名称、常见别名、药材名、药用部位、功能主治、采集地点、采集日期、采集者、鉴定人等内容信息填写于标签内。

(6)保存

已制成的蜡叶标本应保存在干燥密闭的标本橱内,同时必须放入杀虫剂如樟脑等,以便长期保存,供今后学习和研究用。

(四)结果观察

将自己制作的标本仔细检查一遍,并与其他同学互相核对。

(五)分析讨论

采集具有代表性的完整标本有哪些要求？讨论并分析其原理。

实验四　中药粉末的显微鉴定

(一)实验目的

了解中药粉末显微鉴别的技术要点,熟悉中药粉末制片、装片方法,掌握不同类别中药的显微结构特征。

(二)实验材料

1. 实验药物

黄连、肉桂、金银花。

2. 实验试剂

水合氯醛、稀甘油、蒸馏水。

3. 实验器材

显微镜、酒精灯、载玻片、盖玻片、牙签、镊子。

(三)方法和步骤

1. 水制片

挑取少许中药材粉末置于载玻片上,然后滴加蒸馏水,并缓慢盖上盖玻片(注意:避免有气泡产生),置于显微镜下观察。

2. 水合氯醛制片

挑取少许药材粉末置于载玻片上,然后滴加1~2滴10%的水合氯醛,用酒精灯外焰缓缓加热,待试剂基本蒸发完后,滴入甘油1~2滴并缓慢盖上盖玻片(注意:避免有气泡产生),置于显微镜下观察。

(四)结果观察

1. 黄连粉末:黄棕色或黄色

(1)石细胞呈鲜黄色,类方形、类圆形、类长方形或类多角形,层纹和纹孔明显。

(2)鳞叶表皮细胞呈黄绿色或黄棕色,细胞窄长,垂周壁多微波状弯曲。

(3)韧皮纤维呈鲜黄色,长梭形或纺锤形,壁厚。

(4)木纤维多成束，较细长，壁较薄，有稀疏点状纹孔。

(5)导管为网纹或孔纹导管，短节状。

(6)淀粉粒多单粒，类圆形。

2. 肉桂粉末：红棕色

(1)纤维多单个散在，少数2~3个并列，长梭形，平直或波状弯曲，壁极厚，纹孔不明显，木化。

(2)石细胞类圆形或类方形，细胞壁常三面增厚、一面菲薄，木化。

(3)油细胞类圆形或长圆形，含黄色油滴状物。

(4)草酸钙针晶或柱晶较细小，成束或零星散在于射线细胞中。

(5)木栓细胞多角形，含红棕色物质。

(6)淀粉粒极多，圆球形或多角形。

(7)草酸钙结晶片状。

3. 金银花粉末：浅黄色

(1)腺毛有两种：一种头部呈倒圆锥形，顶端平坦，侧面观有10~33个细胞，排成2~4层，有的细胞含淡黄色物，柄部有2~5个细胞；另一种头部类圆形或略扁圆形，侧面观有4~20个细胞，柄部有2~4个细胞。

(2)非腺毛为单细胞，有两种：一种长而弯曲，壁薄，有微细疣状突起；另一种较短，壁稍厚，具壁疣，有的具单螺纹或双螺纹。

(3)花粉粒众多，黄色，球形，外壁具细刺状突起，萌发孔3个。

(4)柱头顶端表皮细胞呈绒毛状。

(5)薄壁细胞中含细小草酸钙簇晶。

4. 绘图

根据观察结果，绘制黄连、肉桂、金银花粉末显微鉴定结构图。

(五)分析讨论

中药粉末的显微鉴别过程中，应该注意哪些问题？

实验五　中药的炮制

一、党参、陈皮的净制与切制

(一)实验目的

熟悉并掌握中药饮片切制的基本操作方法。

(二)实验材料

1. 实验药物

党参、陈皮。

2. 实验器材

切片刀、切药铡刀、夹板、切药机、盆、簸箕、竹筛等。

(三)方法和步骤

1. 党参的净制与切制

取原药材适量,除去杂质,洗净,润透,切段,干燥,放凉,筛去碎屑,以备观察。

2. 陈皮的净制与切制

取原药材适量,除去杂质,喷淋清水,润透,切细丝,低温干燥,放凉,筛去碎屑,以备观察。

(四)结果观察

1. 党参

类圆形厚片。外表皮灰黄色至黄棕色,切面皮部淡黄色至淡棕色,木部淡黄色,有裂隙或放射状纹理。有特殊香气,味微甜。

2. 陈皮

不规则丝状或条状。外表面橙红色或红棕色,有细皱纹和凹下的点状油室,内表面浅黄色,粗糙,附黄白色或黄棕色经络状维管束。气香,味辛、苦。

（五）分析讨论

中药材切制成饮片的目的是什么？

二、莱菔子、山楂的炒制

（一）实验目的

熟悉并掌握中药炮制中清炒法的基本方法及注意事项，准确把握药物炮制的程度，能正确判定药物炮制后的成品性状与质量。

（二）实验材料

1. 实验药物

莱菔子、山楂。

2. 实验器材

炒锅、电磁炉、铲子、刷子、药盘、电子秤等。

（三）方法和步骤

1. 莱菔子：炒黄

取净莱菔子适量，置热锅内，用文火加热，炒至鼓起，爆鸣声减弱，手捻易碎，断面浅黄色，有香气溢出时即可，取出放凉，即得。

2. 山楂：炒焦

取净山楂适量，置热锅内，用武火加热，不断翻炒至表面焦褐色，内部焦黄色，有焦香气溢出时，取出放凉，筛去碎屑，即得。

（四）结果观察

1. 炒黄：炒莱菔子

表面微鼓起，色泽加深，质酥脆，气微香。

2. 炒焦：焦山楂

形如山楂片，表面焦褐色，内部黄褐色，有焦香气。

（五）分析讨论

实验中所用药物炮制前后的功效有何改变？

三、当归、大黄的酒炙

（一）实验目的

熟悉并掌握中药炮制中酒炙法的基本方法及注意事项，准确把握药物炮制的程度，能正确判定药物炮制后的成品性状与质量。

（二）实验材料

1. 实验药物

当归、大黄、黄酒。

2. 实验器材

炒锅、电磁炉、铲子、刷子、药盘、电子秤等。

（三）方法和步骤

1. 当归：酒炙

取适量干净当归与黄酒，加适量水稀释拌匀，闷润片刻，待酒被吸尽后，用文火加热，炒至颜色加深时，取出，摊开放凉，即得。

2. 大黄：酒炙

取适量干净大黄与黄酒，加适量水稀释拌匀，闷润片刻，待酒被吸尽后，用文火加热，炒至颜色加深时，取出，摊开放凉，即得。

（四）结果观察

1. 酒当归

类圆形、椭圆形或不规则薄片。切面深黄色或浅棕黄色，略有焦斑。香气浓郁，并略有酒香气。

2. 酒大黄

半圆形、类圆形或不规则厚片。切面深棕色至棕褐色，显颗粒性，偶有焦斑。微具酒香气，味苦而微涩，嚼之黏牙，有沙粒感。

（五）分析讨论

实验中所用药物酒炙前后的功效有何改变？

实验六　中药蜜丸剂的制备

（一）实验目的

（1）掌握中药丸剂的几种制备方法，比较不同制备方法之间的优缺点。

（2）熟悉中药丸剂的概念、特点以及中药丸剂的质量检测方法。

（二）实验材料

1. 实验药物

熟地黄、山茱萸（制）、牡丹皮、山药、茯苓、泽泻、黄芪（蜜炙）、党参、甘草（蜜炙）、白术（炒）、当归、升麻、柴胡、陈皮、生姜、大枣。

2. 实验试剂

炼蜜、纯净水。

3. 实验器材

竹筛、药匾、盆、提取器等。

（三）方法和步骤

1. 泛制法制备六味地黄丸（水蜜丸）

泛制法是指药物细粉与润湿剂或黏合剂，在适宜翻滚的设备内，通过交替撒粉与润湿，使药丸逐层增大的一种制丸方法。

将熟地黄160 g、山茱萸（制）80 g、牡丹皮60 g、山药80 g、茯苓60 g、泽泻60 g粉碎成细粉，过筛，混匀。每100 g粉末加炼蜜35~50 g与适量的水，泛丸，干燥，制成水蜜丸，或加炼蜜80~110 g制成小蜜丸或大蜜丸，即得。

2. 塑制法制备补中益气丸（浓缩丸）

塑制法是将药物细粉与适宜辅料（如润湿剂、黏合剂、吸收剂或稀释剂）混合制成具可塑性的丸块、丸条后，再分剂量制成丸剂的方法。

取黄芪（蜜炙）200 g、党参60 g、甘草（蜜炙）100 g、白术（炒）60 g、当归60 g、升麻60 g、柴胡60 g、陈皮60 g、生姜20 g、大枣40 g。将生姜、陈皮提取挥发油，药渣与黄芪、白术、升麻、柴胡、大枣加水煎煮2次，第1次3 h，第2次2 h，合并煎液，过滤，滤液浓缩成相对密度为1.30~1.35（20 ℃）的稠膏。取党参、当归粉碎成细粉。取甘草部分粉碎成细粉，部分制成浸膏。将上述各膏与粉末混匀，加入挥发油，混匀，制丸，干燥，打光，即得。

（四）结果观察

1. 外观

丸剂外观应圆整均匀、色泽一致。大蜜丸和小蜜丸应细腻滋润、软硬适中。蜡丸表面应光滑无裂纹，丸内不得有蜡点和颗粒。

2. 水分

按照水分测定法测定，除另有规定外，大蜜丸、小蜜丸、浓缩丸中所含水分不得超过15%。

3. 溶散时限

除另有规定外，取供试品6丸，选择适当孔径筛网的吊篮（丸剂直径在2.5 mm以下的用孔径约0.42 mm的筛网，丸剂直径在2.5~3.5 mm的用孔径1.0 mm的筛网，丸剂直径在3.5 mm以上的用孔径约2.0 mm的筛网），按照《中华人民共和国兽药典》现行版方法进行检查。除另有规定外，小蜜丸、水蜜丸和水丸应在1 h内全部溶散；如操作过程中供试品黏附挡板而妨碍检查时，应另取供试品6丸，不加挡板进行检查。上述检查应在规定时间内全部通过筛网，如有细小颗粒状物未通过筛网，但已软化无硬心者可当作合格。

4. 微生物限度

按照《中华人民共和国兽药典》现行版规定的方法进行检查，应符合相关规定。

5. 丸剂的包装储存

大蜜丸、小蜜丸及浓缩丸常装于塑料球壳内，壳外再用蜡层固封或用蜡纸包裹，装于纸盒内。含芳香挥发性或贵重细料药可采用蜡壳固封，再装入金属或纸盒中。大蜜丸也可选用泡罩式塑料材料包装。一般小丸常用玻璃瓶或塑料瓶密封，含芳香性药物或较贵重药物的微丸，多用瓷制的小瓶密封。丸剂应密封保存，蜡丸应密封并置阴凉干燥处储存。

（五）分析讨论

（1）如何炼制蜂蜜？炼蜜的目的是什么？

（2）中药丸剂塑制法的工艺流程有哪些？

实验七　中药颗粒剂的制备

(一)实验目的

掌握中药颗粒剂的制备方法,掌握物料的混合方法,熟悉中药颗粒剂的质量检查方法。

(二)实验材料

1. 实验药物

甘草。

2. 实验试剂

蔗糖、糊精、乙醇、浓氨试液。

3. 实验器材

电炉、粉碎机、真空泵、药筛、三角烧瓶、盆、提取器等。

(三)方法和步骤

以甘草颗粒的制备为例。

取甘草适量,润透,切片,加水煎煮3次,每次2 h,合并煎液,放置过夜使其沉淀,取上清液浓缩至稠膏状。取甘草浸膏300~400 g,加水适量,不断搅拌,并加热使其溶解,过滤,在滤液中缓缓加入85%乙醇,一边加一边搅拌,直至溶液中乙醇含量达65%左右,静置过夜;小心取出上清液,遗留沉淀再加65%乙醇,充分搅拌,静置过夜;取出上清液,沉淀再用65%乙醇提取一次,合并3次提取液,过滤,回收乙醇。测定甘草酸含量后,加水与乙醇适量,加浓氨试液适量调节pH,静置使澄清,取出上清液,过滤,即得甘草流浸膏。取甘草流浸膏,加入适量蔗糖、糊精,混匀,制粒,干燥,即得。

(四)结果观察

性状观察:制作的甘草颗粒应为色泽一致、均匀、黄棕色至棕褐色的颗粒;味甜,略苦涩;全部能通过10目筛,通过20目筛的小颗粒比例不得超过20%。

(五)分析讨论

中药颗粒剂制作的技术要点有哪些?

实验八　中药注射剂的制备

(一)实验目的

掌握中药注射剂生产的工艺流程和操作要点，熟悉中药注射剂成品检查的标准和方法。

(二)实验材料

1. 实验药物

北柴胡。

2. 实验试剂

聚山梨酯-80、氯化钠、注射用水、氢氧化钠。

3. 实验器材

电炉、烧杯、量筒、天平、玻璃棒、漏斗、提取器、安瓿瓶、安瓿瓶熔封机、烘箱、微孔滤膜等。

(三)方法和步骤

以柴胡注射液的制备为例。

1. 安瓿瓶的处理

空安瓿瓶先用饮用水甩洗2次，再灌入蒸馏水甩洗2次，最后用澄清度合格的注射用水洗1次，置于120~140 ℃烘箱中烘干，备用。

2. 制备方法

取北柴胡1 kg，切段，加水11 L，70 ℃温浸8 h。经水蒸气蒸馏(保持提取温度为100 ℃，避免暴沸)，收集初馏液6 L，再重新蒸馏，收集重馏液约1 L。加入3 g聚山梨酯-80，搅拌使油完全溶解，再加入氯化钠9 g，溶解后，过滤，加注射用水至1000 mL，用10%氢氧化钠溶液调节pH至7.0，用微孔滤膜(0.45 μm)过滤，罐封，灭菌，即得。本品为北柴胡制成的注射液，每1 mL相当于原生药1 g。

(四)结果观察

本品为无色或微乳白色的澄清液体,气味芳香。根据质量要求,检查柴胡注射液是否合格。

(五)分析讨论

中药注射剂制作流程的关键点有哪些?

实验九　大蒜的抑菌作用

(一)实验目的

了解大蒜中挥发性物质对大肠杆菌、巴氏杆菌、猪丹毒杆菌、沙门氏菌、痢疾杆菌的抑制作用,掌握牛津杯法的基本操作。

(二)实验材料

1. 实验菌种

大肠杆菌、巴氏杆菌、猪丹毒杆菌、沙门氏菌、痢疾杆菌等标准菌株。

2. 实验培养基

普通肉汤、普通琼脂培养基。

3. 实验药物

大蒜(大蒜汁:无菌操作,将大蒜捣成汁或泥状)。

4. 实验器材

无菌T形玻璃棒、接种环、吸管、牛津杯或青霉素盖、镊子、酒精灯和封蜡等。

(三)方法和步骤

(1)实验菌种的培养:用直径2 mm的接种环挑取各实验菌种一满环,分别接种于含普通肉汤培养基的试管里,37 ℃培养18~24 h。

(2)在普通琼脂培养基培养皿盖的中央放一无菌牛津杯或倒置的青霉素瓶盖,并用石蜡固定。

(3)用无菌吸管吸取大肠杆菌、巴氏杆菌、猪丹毒杆菌、沙门氏菌、痢疾杆菌菌液,分别滴于普通琼脂培养基上(2滴),用无菌T形玻璃棒将菌液涂抹均匀。

(4)吸取大蒜汁0.2 mL并注入已经固定的牛津杯内或青霉素瓶盖凹陷内,或用无菌镊子将大蒜泥填入其内,然后将已接种菌液的琼脂培养基倒置于盛有大蒜汁的培养皿盖上,切勿与牛津杯或青霉素盖相接触。置于37 ℃培养24 h。

另外,以同样方法吸取无菌生理盐水0.2 mL于牛津杯内,以作对照。

（四）结果观察

37 ℃培养24 h后，观察并测定抑菌圈直径的大小。

（五）分析讨论

牛津杯法还可用于开展哪些中药抑菌实验？为什么？

实验十　荆芥、柴胡的解热作用

(一)实验目的

观察解表药荆芥、柴胡的解热作用。

(二)实验材料

1. 实验动物

家兔。

2. 实验药物

伤寒副伤寒甲乙三联菌苗、1∶1荆芥煎剂、1∶1柴胡煎剂。

3. 实验试剂

生理盐水、凡士林。

4. 实验器材

台秤、体温计、注射器、酒精棉球。

(三)方法和步骤

1. 发热家兔的准备

家兔称重后进行体温测量,挑选体温在38~38.5 ℃者用于本实验操作。首先,符合实验要求的家兔耳静脉注射伤寒副伤寒甲乙三联菌苗(每千克体重0.5 mL),观察2 h后,以体温升高1 ℃以上者供实验用。

2. 给药

第1组家兔灌服1∶1荆芥煎剂(每千克体重0.5 mL),第2组家兔灌服1∶1柴胡煎剂(剂量同前),第3组家兔灌服等量的生理盐水作为对照。

3. 体温测量

灌药后每隔30 min测体温一次,并做好记录。

(四)结果观察

分别绘制3组家兔实验前后的体温曲线。

(五)分析讨论

分析荆芥、柴胡对实验性发热家兔的退热作用。

实验十一　生大黄对小鼠小肠运动的影响

(一)实验目的

了解中药生大黄对整体动物小肠运动的影响,掌握泻下药的实验方法。

(二)实验材料

1. 实验动物

小鼠18~22 g,雌雄不限。

2. 实验药物

100%生大黄煎剂。

3. 实验试剂

生理盐水、炭粉、苦味酸。

4. 实验器材

注射器、小白鼠灌胃针头、手术剪、眼科剪刀、眼科镊子、长尺、蛙板、秒表、小天平。

(三)方法和步骤

(1)取禁食12~24 h、体重相近(18~20 g)的健康小白鼠10只,随机分为两组:甲组以10%炭粉生大黄煎液(每10 g体重0.2 mL)灌胃,乙组以同等剂量的生理盐水灌胃。

(2)给药30 min后,牵拉颈椎脱臼致死,打开腹腔,将胃以及整个肠管置于托盘上,分离肠系膜,轻轻将小肠拉成直线,量取上端至幽门和下端至回盲部的长度,作为小肠总长度。从幽门至炭粉前沿的距离作为炭粉在肠内的移动距离,计算炭粉移动的百分率并记录,比较各组实验结果并加以讨论。

(3)炭粉移动的百分率/%=$\dfrac{\text{炭粉在肠内移动的距离/cm}}{\text{小肠全长/cm}}\times 100$。

（四）结果观察

将实验结果填写在表3-1中。

表3-1　生大黄煎剂对动物小肠运动的影响

组别	动物数	药物	剂量	炭粉移动的百分率

（五）分析讨论

生大黄泻下功效的作用机制是什么？

实验十二　黄芩苷的提取

(一)实验目的

通过对中药黄芩中黄芩苷的提取实验,了解常用中药的提取方法,掌握黄芩苷的提取工艺。

(二)实验材料

1. 实验药物

黄芩。

2. 实验试剂

乙醇、氢氧化钠、浓盐酸。

3. 实验器材

中药提取分离装置。

(三)方法和步骤

1. 常用的中药提取方法

(1)煎煮法:用水作为溶剂,将药材加热煮沸一定的时间,以提取其所含成分。

(2)浸渍法:用定量的溶剂,在一定的温度下,将药材浸泡一定的时间,以提取药材成分。

(3)渗滤法:将药材粗粉置于渗滤器内,溶剂连续地从渗滤器的上部加入,渗滤液不断从下部流出,从而提取药材中的有效成分。

(4)回流法:用乙醇等易挥发的有机溶剂提取药材有效成分,将浸出液加热蒸馏,其中挥发性溶剂馏出后又被冷凝,重复流回浸出器中以浸提药材,这样周而复始,直至有效成分回流提取完全。

(5)水蒸气蒸馏法:根据道尔顿定律,相互不溶也不起化学作用的液体混合物的蒸气总压,等于该温度下各组分饱和蒸气压(即分压)之和。因此,尽管各组分本身的沸点高于混合液的沸点,但当分压总和等于大气压时,液体混合物即开始沸腾并被蒸馏出来。

2. 黄芩中黄芩苷的提取工艺

（1）取黄芩生饮片200 g，加水1.6 L，煎煮1 h，两层纱布过滤，药渣再加水1 L，煎煮0.5 h，用同样方法过滤。

（2）合并滤液，滴加浓盐酸，酸化至pH为1.0~2.0，80 ℃保温0.5 h，使黄芩苷沉淀析出。

（3）弃去上清液，沉淀物抽滤，取滤饼并加入10倍量水，使之呈混悬液，用40%氢氧化钠溶液调pH至7.0，混悬物溶解，加入等量乙醇，滤去杂质，滤液加浓盐酸调pH至1.0~2.0，然后加热至80 ℃并保温0.5 h。黄芩苷析出后，过滤，沉淀物以少量50%乙醇洗涤后，再以5倍量乙醇洗涤，干燥后即为黄芩苷粗品。

（四）结果观察

称量提取物质量，计算提取率。

（五）分析讨论

（1）各种提取方法各有哪些优缺点？

（2）黄芩苷提取中应该注意哪些问题？

实验十三　杏仁的平喘作用

(一)实验目的

观察杏仁煎液对豚鼠以组胺引喘后的平喘效果。

(二)实验材料

1. 实验动物

豚鼠2只(体重相近,每只不超过200 g)。

2. 实验药物

1∶1杏仁煎液、0.4%组胺、2%氯乙酰胆碱。

3. 实验器材

磅秤、喉头喷雾器、带盖玻璃缸、注射器(消毒)、酒精棉球、毛巾、秒表。

(三)方法和步骤

(1)豚鼠称重后,观察并记录正常状态下的呼吸数。

(2)将豚鼠放入玻璃缸内,加盖后再以毛巾塞严缝隙,用0.4%组胺加2%氯乙酰胆碱混合液喷雾5 s后,取出豚鼠,观察并记录豚鼠的呼吸数及异常表现。

(3)实验组豚鼠每100 g体重口服1∶1杏仁煎液0.5 mL,对照组豚鼠每100 g体重口服生理盐水0.5 mL。

(4)服药30 min后,两组豚鼠同时放入缸内,按上法喷雾引喘。

(四)结果观察

观察实验组及对照组豚鼠的呼吸数及异常表现,记入表3-2。

表3-2　杏仁煎液的平喘效果

组别	体重	实验前呼吸数	实验后呼吸数及异常表现
杏仁煎液组			
对照组			

(五)分析讨论

根据实验结果分析杏仁煎液的平喘作用,并进行评价。

实验十四　赤芍的活血化瘀作用

(一)实验目的

通过中药赤芍复钙时间的测定,了解赤芍活血化瘀的部分作用。

(二)实验材料

1. 实验药物

20%赤芍煎液(pH =7.0)。

2. 实验试剂

生理盐水、0.025 mol/L氯化钙、血浆(牛)。

3. 实验器材

试管(10 mm×100 mm)、吸管(1 mL)、恒温水浴箱、试管架。

(三)方法和步骤

(1)取试管11支,按次序排列,自第2管起,每管加入生理盐水0.2 mL,再取20%赤芍煎液分别加入第1、2管各0.2 mL。

(2)从第2管的混合液中吸出0.2 mL,加入到第3管中,这样依次稀释至第10管,从第10管中吸出0.2 mL混合液弃之。第11管为对照管。

(3)从第1管至第11管,每管各加入0.2 mL牛血浆后置于水浴箱,经37 ℃恒温孵育30 min,然后每管再加入0.025 mol/L氯化钙0.2 mL,分别记录每管的凝固时间。

(4)以上操作重复3~5次,取其平均值。

(四)结果观察

20%赤芍煎液加血浆后的复钙时间测定结果记录在表3-3中。

表3-3　实验结果

试管编号	1	2	3	4	5	6	7	8	9	10	对照管
药物稀释倍数	20%的原液	2	4	8	16	32	64	128	256	512	生理盐水
复钙时间											

(五)分析讨论

根据实验结果,分析为什么会出现不同的凝血时间。

实验十五　五苓散的利尿作用

(一)实验目的

观察五苓散的利尿作用,以加深对利湿方药功效的理解。

(二)实验材料

1. 实验动物

健康家兔,体重相近,2 kg左右,雌、雄各2只。

2. 实验药物

3%异戊巴比妥钠注射液或25%氨基甲酸乙酯、猪苓、茯苓、泽泻、白术、桂枝。

3. 实验器材

磅秤、兔手术台、常规手术器械、塑料导尿管(用市售18号无毒聚氯乙烯医用塑料管代替)、10 mL玻璃注射器及针头、剪毛剪、烧杯、缝合丝线、计滴器或秒表。

(三)方法和步骤

1. 麻醉

家兔耳缘静脉注射3%异戊巴比妥钠注射液(每千克体重0.8 mL)或25%氨基甲酸乙酯1 g进行麻醉。麻醉后将兔仰卧保定于手术台上。

2. 处理

在下腹部剪毛(约一手掌大的面积),于近耻骨联合上缘,沿腹中线旁开约0.5 cm处,做7 cm的腹壁切口,打开腹腔找出膀胱(若尿液充盈,可用手轻轻压迫使之排空)。在膀胱底部前3~4 cm处,用小止血钳剥离出两侧输尿管,右手持眼科剪在输尿管上剪开一斜向创口(剪口为输尿管的1/2),再将一根充满生理盐水的细塑料导尿管向肾脏方向插入2 cm,然后用缝合线结扎固定。再用同样方法将对侧输尿管也插入塑料导管。最后将两根塑料导管的游离端合并在一起,使其开口向下,固定于手术台的一侧,尿液即由导管慢慢滴出。下面放置烧杯,收集尿液。腹部手术创口用浸有温生理盐水的纱布覆盖。

其余3只家兔按上述操作进行同样的手术。

3. 尿液计滴的方法

第一种：将塑料导管开口连接于计滴器上，自动计滴；第二种：人工计滴，即从导尿管排出第一滴尿液的时间算起，计5 min内排出的滴数（或排出3滴尿液所用的时间），作为实验用药前泌尿指标的自身对照。

4. 分组

2只家兔（雌、雄各1只）为实验组，实验前对尿液计滴，然后用注射器向小肠内按每千克体重注射五苓散煎剂5 mL，给药后每隔15 min观察1次，连续观察60 min。另外2只家兔作为对照组，将生理盐水按每千克体重5 mL注入小肠，观察计数方法同实验组。

（四）结果观察

观察实验组与对照组家兔给药前后的尿量变化，记录并填入表3-4中。

表3-4 实验结果

组别	号别	给药前尿量/mL		给药后尿量/mL	
		各兔尿量	平均值	各兔尿量	平均值
试验组	1号				
	2号				
对照组	3号				
	4号				

（五）分析讨论

分析五苓散的利尿作用机制。

实验十六　黄连解毒汤抗炎实验

(一)实验目的

观察黄连解毒汤的抗炎作用,以加深对清热解毒方药功效的理解。

(二)实验材料

1. 实验动物

清洁级雄性昆明小鼠,体重(18±2)g。

2. 实验药物

二甲苯。

3. 实验器材

灌胃针、注射器、打孔器、电子天平等。

(三)方法和步骤

1. 实验分组

取小鼠18只(禁食12 h),称重,随机分为3组,每组6只,分别为空白对照组、黄连解毒汤组、模型组。

2. 实验操作

黄连解毒汤组小鼠按每10 g体重0.1 mL剂量灌胃给药,空白对照组、模型组小鼠用生理盐水按每10 g体重0.1 mL灌胃给药。每天给药2次,连续给药3天后,除空白对照组外,各组每只小鼠左耳正反两面涂二甲苯0.02 mL,右耳作对照(涂以等量的生理盐水)。30 min后脱颈椎处死,沿耳郭基线剪下两耳,用直径6 mm的打孔器将双耳同部位等面积切下,用天平分别称重,以左、右耳片质量之差为肿胀度。

(四)结果观察

计算各组小鼠肿胀率,计算肿胀抑制率,并将结果采用t检验法进行统计学处理。

$$肿胀率/\%=\frac{左耳质量/mg - 右耳质量/mg}{右耳质量/mg}\times100$$

$$\text{肿胀抑制率}/\%=\frac{\text{模型对照组平均肿胀率}-\text{给药组平均肿胀率}}{\text{空白对照组平均肿胀率}}\times 100$$

（五）分析讨论

分析黄连解毒汤的抗炎作用机制。

实验十七　急性气虚模型的建立和观察

气虚证是指元气(真气)不足,气的推动、温煦、固摄、防御、气化等功能减退,或脏腑组织的机能活动减退所表现的一系列虚弱证候。其成因可能是久病、重病或劳累过度,致使元气耗损;也可能是因年老体弱,脏腑功能衰退而使元气自衰等。

(一)实验目的

理解汗出、腹泻、饥饿等综合因素所致元气耗损形成的“气虚”证机制及独参汤、四君子汤、黄芪对“气虚”证的作用效果。通过本实验,初步掌握中兽医“气虚”证候模型的人工复制方法,为进一步探索中(兽)医“气”实质打下良好的基础。

(二)实验材料

1. 实验动物

小鼠。

2. 实验药物

番泻叶 15 g;黄芪 30 g;独参汤(《十药神书》):人参 60 g;四君子汤(《保命集》):白术 25 g、人参 25 g、黄芪 25 g、茯苓 25 g。

3. 实验试剂

盐酸、甲醛、丙酮、蒸馏水、六偶氮副品红溶液、苦味酸、亚硝酸钠、磷酸氢二钠、磷酸氢钾、2% α-醋酸萘酚溶液、1% 甲基绿溶液、二甲苯、香柏油。

4. 实验器材

游泳槽(桶)、跑步机、恒温干燥箱、电子天平、电吹风、显微镜、恒温水浴锅、秒表、温度计、漏勺、毛巾、灌胃针、pH 试纸、烧杯、称量纸、药勺、玻璃棒、刀片、载玻片、盖玻片、100 mL 量筒。

(三)方法和步骤

1. 造模

采用饥饿、劳累、汗出、番泻叶水煎液灌服等综合因素,人工复制腹泻模型。

2. 治疗

运用经典方剂进行治疗，比较独参汤、黄芪、四君子汤的疗效差异。

3. 观察指标

（1）小鼠的一般状态：精神、皮毛色泽、汗出情况、呼吸情况、体温等。

（2）血涂片标本制备：检测T淋巴细胞、B淋巴细胞、嗜中性粒细胞。

4. 分组

将30只小鼠随机分为5组，即正常组、模型组、治疗组（独参汤组、黄芪组、四君子汤组），每组6只。正常组按常规饲养方式饲喂；经过饥饿、劳累、灌服番泻叶出现急性气虚模型时，将造模成功的小鼠分为模型组和治疗组（独参汤组、黄芪组、四君子汤组），每组6只；治疗组分别灌服独参汤、黄芪水煎液、四君子汤。

（四）结果观察

观察并记录小鼠的一般状态：体重、体温、饮食量，观察有无新的症状出现（每日要清理粪便、打扫卫生）。治愈后采血进行T淋巴细胞、B淋巴细胞、嗜中性粒细胞检测。

（五）分析讨论

试分析气虚的临床表现，运用所学知识分析不同中药及方剂治疗气虚证的作用机理。

第四部分

中兽医学临床实训

实训一　四诊

（一）实验目的

通过实验掌握望诊、闻诊、问诊和切诊四种诊法，为合理运用中兽医学知识诊治动物疾病奠定基础。

（二）实验材料

1. 实验动物

牛、马、猪、犬、猫。

2. 实验器材

保定绳、检查手套、体温计、听诊器、牛鼻钳、耳夹子、猪保定台（或架）、记录表。

（三）实验方法和步骤

1. 望诊

望诊包括望整体和望局部两部分。望诊的先后次序为先望整体，再望局部。

（1）望整体：观察动物的精神、形态、皮毛等有无异常变化。

（2）望局部：主要观察动物的眼、耳、鼻、口唇、饮食、呼吸、躯干、四肢、二阴及粪尿。特别是察口色（注意不同动物的开口方式），观察舌苔、口津、舌色、舌形等方面的变化。

望诊时，对于就诊患畜，应让其休息片刻，待体态自然后，诊者再进行临床检查。

察口色时应做到：

①打开患畜口腔的动作应尽可能轻柔，牵拉舌体的时间不宜过久，以免引起颜色的改变。

②应在充足的自然光线下观察，最好能面向光亮处，使光亮直接照射于口腔内。不要使用灯光，原因是白炽灯光的红黄成分多、日光灯光的青蓝成分多，不得已时必须复查一次。

③养成按一定顺序进行观察的习惯，一般先看舌苔，次看舌质，再看卧蚕，无论看到何处，都要注意其色泽、润燥。

④应注意物理、化学、药物、季节、年龄、体质等因素对口色的影响，注意排除各种物理、化学因素，如过冷过热的饮水（饲料）、带色饲料或药物等对口色的影响。

⑤注意季节、年龄、体质等因素对口色的影响。

2. 闻诊

闻诊包括耳听声音、鼻嗅气味两个方面的内容。

（1）听声音：应在相对安静的环境下完成诊断操作。着重听取患畜的叫声、呼吸声、咳嗽声、喘息声、呻吟声、肠鸣声、嗳气声、磨牙声以及运步时的蹄声等。

（2）嗅气味：结合局部望诊，对患畜的口气、鼻气、粪便、尿液、体气、脓汁等气味进行认真区别。

闻诊时应注意：

① 周围环境一定要保持安静，听诊内脏器官运动音时，可借助听诊器，以进一步察其病理变化。

② 嗅气味时，要靠近病变部位，或用棉签蘸取分泌物或排泄物，或用手掌扇动进行嗅取。

3. 问诊

一般情况下，问诊时先问清畜主姓名、动物类别（或姓名）、年龄、性别、品种及用途。在认真听取畜主陈述的基础上，进一步询问发病经过、饲养管理情况、既往病史、防疫情况、繁殖情况等，并做好记录。

问诊时应做到：

（1）问诊应做到有的放矢，准确恰当，简要无遗。

（2）问诊时对畜主要态度和蔼，语言通俗易懂，抓住畜主陈述的主要问题，尽可能全面而准确地收集和分析临诊资料。

4. 切诊

切诊包括触诊和切脉两部分。

（1）触诊

应仔细而有重点地触诊官窍、肌肤、胸腹等部位，以判别口腔、鼻端或鼻镜、耳角、体表和四肢的寒热润燥、有无肿胀以及肿胀的寒热、软硬、大小，咽喉和槽口有无异常变化；左侧后心区胸壁振动的强度和频率有无异常，腹部特别是肷部的寒热、软硬、胀满、肿块、压痛等情况；俞穴所在部位有无敏感反应等。

触诊的手法可分为触、摸、按三种。触是用手指或手掌轻轻接触患部；摸是以手抚摸，力度稍重；按是适度用力按压，其力度有轻重不同。操作时，要求手法轻巧，综合运用。此外，触摸动物机体有关部位温度的高低，可以简单判断机体的寒热虚实。在实际临床操作过程中，常常将体温计测定的体温与触摸凉热结合应用。

（2）切脉

① 颌外动脉。为马属动物的常用切脉部位，位置在下颌骨的颌外动脉切迹处。切脉时，诊者站在动物头侧，一手抓住笼头，一手以无名指先布在颌下切迹处的颌外动脉上，然后迅速向里布下中指、食指，右手诊左侧，左手诊右侧，交替进行，分别对应五脏六腑。

② 尾动脉。为牛、骆驼的传统切脉部位，位置在尾根腹面靠近肛门三节尾椎的尾根动脉上。切脉时，诊者站在患病动物的正后方，左手将动物尾巴向上抬起，右手的食指、中指和无名指分别布在上述三尾椎间的动脉上，运用不同的指力推压和寻找即得，分别对应上焦、中焦和下焦。拇指可置于尾根背面帮助固定。

③ 股内动脉。为猪、羊、犬等动物的常用切脉部位，位置在后肢内侧的股动脉上。切脉时，最好采取自然站立姿势，诊者蹲在患病动物侧面，一手保定动物后肢，待动物安静后，另一手指沿着腹壁由前至后慢慢伸向股内，摸到动脉后，将手指均匀布于其上，左右侧交替进行诊脉，体会脉搏的性状。

④切脉注意事项：

a）保持在一个安静的环境内进行。

b）患畜若刚刚经过较剧烈的劳役和运动，应先使其休息片刻，待停立安静、呼吸平稳、气血调匀后再进行切脉。

c）患病动物以站立姿势为宜，尽可能使切脉部位与心脏处于同一水平位置。

d）医者应使自己的呼吸保持平稳，全神贯注，仔细体会。

e）按浮、中、沉取三种指力进行脉象的诊断。

f）一次诊脉时间应不少于3 min。

g）注意气候、性别、年龄、体格、种类等因素对脉象的影响。

（四）结果观察

将“四诊”收集的临诊资料如实填入记录表中。

（五）分析与讨论

（1）望诊、闻诊、问诊、切诊四种诊法的操作要点及其诊断意义。

（2）“四诊”合参在动物疾病诊治过程中的重要性。

实训二　常见中药饮片辨认

(一)实验目的

通过对各类常见中药材形状、气味、色泽、大小、质地、断面等特征观察辨认，掌握各类中药材的性状特征，以便区分药材的真、伪、优、劣。

(二)实验材料

艾叶、防风、茵陈、大枣、当归、丹参、柴胡、川贝母、鱼腥草、泽泻、升麻 、猪苓、党参、芒硝、川芎、荆芥、大黄、地榆、肉豆蔻、青蒿、木香、石膏、郁李仁、杜仲、地骨皮、芦根、知母、沙参、板蓝根、金银花、白头翁、南沙参、石决明、栀子、番泻叶、甘草、瓜蒌、牛蒡子、苦杏仁、大青叶、连翘、麦芽、苦参、广藿香、紫苏子、没药、昆布、雄黄、炉甘石、海金沙、藕节、熟地、山药、西青果、茯苓、百合、自然铜、山楂、玄参、枇杷叶、桃仁、棕榈炭、麻黄。

(三)实验方法

运用中药材识别的方法，主要从药材形状、大小、色泽、表面、质地、断面、味、气等方面开展鉴别。

(四)结果观察

观察辨认各类中药材，选取20种详细描述并记录该药材的性状、特征。

(五)分析讨论

(1)谈谈鉴别中药材真伪、优劣的目的与意义。

(2)中药材性状鉴别的要点是什么?

实训三 动物常用针灸穴位

一、马属动物常用穴位

(一)实验目的

掌握马属动物疾病防治常用穴位的取穴方法、针法及主治，以便准确定位，为临床应用奠定基础。

(二)实验材料

1. 实验动物

马(驴或骡)。

2. 实验器材

针具、保定用具、马针灸穴位挂图。

(三)方法和步骤

常用穴位如下所述，并按照所述部位分别取穴。

1. 头颈部穴位

(1)分水：上唇外侧面，旋毛正中处。一穴。

(2)姜牙：鼻孔外缘，鼻翼软骨外侧顶端处是穴。左右侧各一穴。可先向对侧拉紧鼻唇部，鼻翼软骨角即可显露。

(3)玉堂：口内上腭第三腭褶正中旁开1.5 cm处的黏膜下静脉丛上。左右侧各一穴。

(4)通关：将舌拉出口外，向上翻转，紧握舌体，舌系带两侧黏膜下的舌下静脉是穴。左右侧各一穴。

(5)锁口：口角后上方约2 cm口轮匝肌外缘与颊肌相接处。左右侧各一穴。

(6)开关：口角后上方，第四上、下臼齿间相应的外侧面部，咬肌前缘凹陷处。左右侧各一穴。

(7)三江：内眼角前下方约3 cm的眼角静脉分支处。左右侧各一穴。

(8)太阳:外眼角后上方约3 cm处,颧弓下方咬肌外面的面横静脉上。左右侧各一穴。

(9)睛明:下眼睑,内、外两眼角内、中1/3交界处的眼眶缘处。左右眼各一穴。

(10)睛俞:上眼睑正中,额骨眶上突下缘的凹陷处。左右眼各一穴。

(11)开天:眼球上,角膜与巩膜交界背侧缘是穴。左右眼各一穴。

(12)耳尖:耳郭背侧尖部,耳大静脉内、中、外三支汇合处。左右耳各一穴。

(13)大风门:头顶部,门鬃基部下缘正中,顶骨外矢状嵴分叉处为主穴,主穴斜下方两侧旁开3 cm处的顶外嵴上为副穴。共三穴,呈三角形排列。

(14)天门:两耳根后缘连线正中,枕骨嵴与寰椎背弓之间的凹窝处。一穴。

(15)上关:颧弓后上方与下颌骨冠状突之间,下颌关节的上囊内。左右侧各一穴。马咀嚼时,下颌关节后上方显露出的凹陷中取穴。

(16)下关:颧弓下方与下颌髁之间,下颌关节的下囊内。左右侧各一穴。

(17)承浆:下唇正中,距下唇边缘约3 cm处的颏肌前缘凹陷处。一穴。

2. 前肢部穴位

(1)膊尖:肩胛软骨前缘与肩胛骨前角接合部的凹陷处是穴。左右肢各一穴。

(2)膊栏:肩胛软骨后缘与肩胛骨后角接合部的凹陷处是穴。左右肢各一穴。

(3)肺门:肩胛骨前缘颈中部,膊尖穴前斜下方,肩胛骨前缘上、中1/3交界处的凹陷中是穴。左右肢各一穴。

(4)肺攀:膊栏穴前下方,肩胛骨后缘上、中1/3交界处的凹陷中是穴。左右肢各一穴。

(5)弓子:肩胛冈后方,肩胛软骨上缘正中点的下方约10 cm处是穴。左右肢各一穴。

(6)肩井:臂骨大结节外上缘凹陷处,臂头肌上缘、冈上肌与冈下肌之间的肌间隙内是穴。左右肢各一穴。

(7)抢风:臂骨大结节后下方约15 cm,臂骨三角肌隆起后上方,臂三头肌长头与外头之间的凹陷处是穴。左右肢各一穴。

(8)肘俞:肘端前方,臂骨外上髁上缘与尺骨肘突前缘之间凹陷处是穴。左右肢各一穴。

(9)乘蹬:尺骨肘突内侧下方约6 cm的凹陷中是穴。左右肢各一穴。

(10)夹气:腋窝正中,前臂上部内侧正中与躯干相接的肌沟内是穴。左右肢各一穴。

(11)胸堂:前胸胸骨两旁,胸外静脉沟下部,桡骨近端水平位处的臂皮下静脉上是穴。左右肢各一穴。

(12)膝脉:腕关节内侧下方约6 cm,第三掌骨后,掌骨上、中1/3交界处,指深屈肌腱内侧的掌心浅内侧静脉上是穴。左右肢各一穴。

(13)乘重:前臂部,桡骨近端的外侧韧带结节下方的指总伸肌与指外侧伸肌起始部的肌沟间是穴。左右肢各一穴。

(14)前三里:前臂上部外侧,桡骨上、中1/3交界处,腕桡侧伸肌与指总伸肌的肌沟中是穴。左右肢各一穴。

(15)三阳络:前肢桡骨外侧韧带结节下方约6 cm的指总伸肌与指外侧伸肌的肌沟中是穴。左右肢各一穴。

(16)前缠腕:前肢球节后上方,近端籽骨上缘处的掌心内、外侧静脉上是穴。左右肢内外侧各一穴,共四穴。

(17)前蹄头:前蹄背侧,蹄缘上方被毛分界线,正中向外2~3 cm寸处的蹄冠静脉上是穴。左右蹄各一穴,共四穴。

3. 躯干部穴位

(1)风门:耳根后约3 cm,距鬣毛基部下缘约6 cm,寰椎翼前缘正中凹陷处。左右侧各一穴。

(2)伏兔:耳后约6 cm,距鬣毛基部下缘约4.5 cm,寰椎翼后缘背侧的凹陷处。左右侧各一穴。

(3)鹘脉:颈静脉沟上、中1/3交界处的颈静脉上。左右侧各一穴。

(4)九委:分别为上上委、上中委、上下委、中上委、中中委、中下委、下上委、下中委、下下委,颈部两侧各九穴。九委第一穴称上上委,位于伏兔穴后方约3 cm处,距鬣毛基部下缘约3 cm处,项韧带索部两侧凹陷;最后一穴称下下委,在膊尖穴前方约4.5 cm,距鬣毛基部下缘约5 cm处。在此两穴之间,沿肌沟所形成的弧线作八等分,为其余七穴(上中委、上下委、中上委、中中委、中下委、下上委、下中委),排列于颈的背侧部,各穴相距约6 cm,弧线与鬃线距离两端穴稍近,中间穴稍远。

(5)大椎:肩胛前缘的颈部背侧,第七颈椎与第一胸椎棘突间的凹陷处。左右侧各一穴。

(6)鬐甲:鬐甲最高点前方,肩胛软骨正上方,第三、四胸椎棘突顶端间的凹陷处。一穴。

(7)断血:第十七胸椎与第十八胸椎、第十八胸椎与第一腰椎、第一腰椎与第二腰椎棘突之间的凹陷处。共三穴。

(8)命门:腰部背侧正中,第二、三腰椎棘突顶端间的凹陷处。一穴。

(9)肺俞:第九肋间,距背正中线约12 cm处,背最长肌与髂肋肌之肌沟中是穴。左右侧各一穴。

(10)胃俞:第十二肋间,距背正中线约12 cm处,背最长肌与髂肋肌之肌沟中是穴。左右侧各一穴。

(11)肝俞:第十三肋间,距背正中线约12 cm处,背最长肌与髂肋肌之肌沟中是穴。左右侧各一穴。

(12)脾俞:第十五肋间,距背正中线约12 cm处,背最长肌与髂肋肌之肌沟中是穴。左右侧各一穴。

(13)气海俞:第十六肋间,距背正中线约12 cm处,背最长肌与髂肋肌之肌沟中是穴。左右侧各一穴。

(14)大肠俞:第十七肋间,距背正中线约12 cm处,背最长肌与髂肋肌之肌沟中是穴。左右侧各一穴。

(15)关元俞:第十八肋骨(最后肋骨)后缘,距背正中线约12 cm处,背最长肌与髂肋肌之肌沟中是穴。左右侧各一穴。

(16)小肠俞:第一、二腰椎横突顶端之间,距背正中线约12 cm处,背最长肌与髂肋肌之肌沟中是穴。左右侧各一穴。

(17)膀胱俞:第二、三腰椎横突顶端之间,距背正中线约12 cm处,背最长肌与髂肋肌之肌沟中是穴。左右侧各一穴。

(18)腰前:第一、二腰椎棘突之间,距背正中线约6 cm处,背最长肌内是穴。左右侧各一穴。注:位于小肠俞内侧。

(19)腰中:第二、三腰椎棘突之间,距背正中线约6 cm处,背最长肌内是穴。左右侧各一穴。注:位于膀胱俞内侧。

(20)腰前:第三、四腰椎棘突之间,距背正中线约6 cm处,背最长肌内是穴。左右侧各一穴。

(21)百会:最后腰椎棘突和第一荐椎棘突之间(即腰荐十字部中央)凹陷处。一穴。

(22)肾俞:百会穴旁开约6 cm处是穴。左右侧各一穴。

(23)肾棚:肾俞穴正前方约6 cm,臀中肌、背最长肌内是穴。左右侧各一穴。

(24)肾角:肾俞穴后方约6 cm处,臀中肌内是穴。左右侧各一穴。

(25)八窖:荐椎共五节,每两节之间距背中线约4.5 cm处有一穴,依次为上窌、次窌、中窌、下窌,左右侧各四穴,共八穴。

(26)肚口:脐痕正中是穴。一穴。注:肿胀时取穴。

(27)穿黄:胸前部,中沟两侧约1.5 cm处的皮下是穴。左右侧各一穴。

(28)带脉:胸侧壁,肘头后约6 cm,第七肋骨相对的胸外静脉上是穴。左右侧各一穴。

(29)肷俞:右侧肷窝部,髋关节至最后肋骨之间水平线上的中点处,距背中线约22 cm,距最后肋骨约4.5 cm的交点上是穴。一穴。

4. 后肢及尾部穴位

(1)巴山:髂骨翼正中部上方,百会穴与股骨中转子连线的中点凹陷处是穴。左右肢各一穴。

(2)路股:荐结节(即百会穴)与股骨中转子连线的中、后1/3交界处是穴。左右肢各一穴。

(3)雁翅:髂骨翼上方,肾棚穴与髋结节最高点连线的中点处是穴。左右肢各一穴。

(4)丹田:髂骨翼前下方约4.5 cm凹陷处是穴。左右肢各一穴。

(5)居髎:髂骨翼髋结节后下方,臀肌下缘陷窝内是穴。左右肢各一穴。

(6)环跳:股骨大转子前方约6 cm臀肌下缘凹陷处是穴。左右肢各一穴。

(7)环中:股骨大转子前上方约6 cm,髋结节下端外侧缘与坐骨结节下端外侧缘连线中点凹陷处是穴。左右肢各一穴。

(8)环后:环中穴后下方约6 cm,股骨大转子上缘,股二头肌内是穴。左右肢各一穴。

(9)大胯:股骨大转子前下方约6 cm的凹陷处,股阔筋膜和臀浅肌与股四头肌外头之间的肌间隙内是穴。左右肢各一穴。

(10)小胯:股骨第三转子斜后下方约3 cm凹陷处,股二头肌前缘的肌间隙内是穴。左右肢各一穴。

(11)邪气:与肛门水平线相交的股二头肌与半腱肌之间的肌沟内是穴。左右肢各一穴。

(12)牵肾:膝盖骨上方水平线的股二头肌与半腱肌之间的肌沟内是穴。左右肢各一穴。

(13)汗沟:大转子后下方,邪气穴与牵肾穴连线上、中1/3交界处,股二头肌与半腱肌之间的肌沟内是穴。左右肢各一穴。

(14)仰瓦:股骨第三转子后下方,邪气穴与牵肾穴连线中、下1/3交界处,股二头肌与半腱肌之间的肌沟内是穴。左右肢各一穴。

(15)掠草:膝关节前下缘稍偏外方,膝外侧直韧带膝中直韧带的凹陷处是穴。左右肢各一穴。

(16)肾堂:股部内侧,膝关节水平线的隐静脉上是穴。左右肢各一穴。

(17)阳陵:膝关节正后方,胫骨外踝后上缘凹陷处,股二头肌前、中支之间与腓肠肌之间的肌间隙内是穴。左右肢各一穴。

(18)丰隆:胫骨外踝下缘凹陷处,股二头肌、腓肠肌与趾伸屈肌之间的肌间隙中是穴。左右肢各一穴。

(19)后三里:掠草穴外侧下方约7.5 cm,趾长伸肌与趾外侧伸肌之间的肌沟中是穴。左右肢各一穴。

(20)后缠腕:后肢系关节后上方,近端籽骨上缘处的跖底内、外侧静脉上是穴。左右肢内外侧各一穴,共四穴。

(21)后蹄头:后蹄蹄缘上方被毛分界线,正中向外2~3 cm寸处的蹄冠静脉上是穴。左右蹄各一穴。

(22)后海:肛门上方,尾根腹侧正下方的凹陷处。一穴。

(23)尾根:尾根部背侧,第一、二尾椎棘突间的是穴凹陷处(即在活动尾根时出现的凹陷处是穴)。一穴。

(24)尾本:尾根部腹侧正中线上,第一段尾椎间的皮下尾静脉上是穴。一穴。

(25)尾尖:尾的尖端上是穴。一穴。

(26)莲花:脱肛时的直肠黏膜上是穴。

(四)分析讨论

(1)马常用穴位的取穴方法有几种?

(2)马常用穴位的主治是什么?

二、牛常用穴位

(一)实验目的

掌握牛常用穴位的准确位置、取穴方法、针法及主治,以便准确定位,为临床应用奠定基础。

(二)实验材料

1. 实验动物

牛。

2. 实验器材

针具、保定架、牛针灸穴位挂图及模型。

(三)方法和步骤

常用穴位如下,并按照所述部位分别取穴。

1. 头颈部穴位

(1)山根:主穴在鼻唇镜背侧正中有毛与无毛交界处,两副穴在左右鼻孔背角处。共三穴。

(2)承浆:下唇下缘正中有毛与无毛交界处。一穴。

(3)唇内:上唇内面,正中线两侧约2 cm的上唇静脉上。左右侧各一穴。

(4)锁口:口角后上方约2 cm口轮匝肌外缘处。左右侧各一穴。

(5)开关:颊部咬肌前缘,最后一对臼齿稍后方。左右侧各一穴。

(6)顺气:口内上腭嚼眼处,即硬腭前部切齿乳头两旁的鼻腭管开口处。左右侧各一穴。

(7)通关:口内舌底腹侧面,舌系带前端两侧的舌下静脉上。左右侧各一穴。

(8)鼻中:两鼻孔下缘连线中点。一穴。

(9)鼻俞:鼻梁两侧,鼻孔上方4.5 cm处。左右侧各一穴。

(10)三江:内眼角下方约4.5 cm处的眼角静脉分叉处。左右侧各一穴。

(11)睛俞:上眼眶下缘正中凹陷处。左右侧各一穴。

(12)睛明:下眼眶上缘,两眼角内、中1/3交界处。左右侧各一穴。

(13)太阳:外眼角后方约3 cm的颞窝中。左右侧各一穴。

(14)耳尖:耳背侧,距耳尖3 cm处的耳静脉内、中、外三支上。左右耳各三穴。

(15)天门:两耳根连线正中后方的凹陷中,即枕骨外结节与寰椎之间凹陷处。正中一穴。

(16)耳根:耳根后方凹陷内。左右侧各一穴。

(17)通天:两内眼角连线正中上方6~8 cm处。一穴。

(18)颈脉(鹘脉):颈静脉沟上、中1/3交界处的颈静脉上。左右侧各一穴。

2. 前肢部穴位

(1)轩堂:鬐甲两侧,肩胛软骨上缘正中。左右肢各一穴。

(2)膊尖:肩胛骨与肩胛软骨前角结合处。左右肢各一穴。

(3)膊栏:肩胛骨与肩胛软骨后角结合处。左右肢各一穴。

(4)肩井:肩关节前上缘,臂骨大结节外上缘的凹陷中,冈上肌与冈下肌之间的肌间隙内。左右肢各一穴。

(5)抢风:肩关节后下方,三角肌后缘与臂三头肌长头、外头形成的凹陷中。左右肢各一穴。

(6)肘俞:臂骨外上髁与肘突之间的凹陷中。左右肢各一穴。

(7)夹气:前置与躯干相接处的腋窝正中,刺入肩胛下肌与下锯肌间的疏松结缔组织内。左右肢各一穴。

(8)腕后:腕关节后边正中,副腕骨与指浅屈肌腱之间的凹陷中。左右肢各一穴。

(9)膝眼:腕关节背外侧下缘,腕桡侧伸肌腱与指总伸肌腱之间的陷沟中。左右肢各一穴。

(10)膝脉:前肢内侧,副腕骨下方6 cm处的掌心浅内侧静脉上。左右肢各一穴。

(11)缠腕:四肢球节上方两侧,掌/跖内外侧沟末端的指/趾内外侧静脉上。每肢左右侧各一穴。前肢称前缠腕,后肢称后缠腕。

(12)涌泉:前肢蹄叉前缘正中稍上方,第三、四指的第一指节骨中部背侧面。左右肢各一穴。

(13)前蹄头:第三、四指的蹄匣上缘正中,有毛与无毛交界处。每蹄内外侧各一穴。

3. 躯干部及尾部穴位

(1)胸堂:胸骨两旁,胸外侧沟下部的臂头静脉上。左右侧各一穴。

(2)丹田:第一、二胸椎棘突间的凹陷中。一穴。

(3)鬐甲:第三、四胸椎棘突顶端的凹陷中。一穴。

(4)苏气:第八、九胸椎棘突顶端的凹陷中。一穴。

(5)安福:第十、十一胸椎棘突顶端的凹陷中。一穴。

(6)天平:最后胸椎与第一腰椎棘突间的凹陷中。一穴。

(7)后丹田:第一、二腰椎棘突间的凹陷中。一穴。

(8)命门:第二、三腰椎棘突间的凹陷中。一穴。

(9)安肾:第三、四腰椎棘突间的凹陷中。一穴。

(10)百会:腰部背侧正中线上,腰荐十字部,即最后腰椎与荐椎棘突间的凹陷中。一穴。

(11)通窍:倒数第四、五、六、七肋间,髂骨翼上角水平线处的髂肋肌沟中。左右侧各一穴。

(12)肺俞:倒数第五、六、七、八任一肋间与肩、髋关节连线的交点处。左右侧各一穴。

(13)六脉:倒数第一、二、三肋间,髂骨翼上角水平线处的髂肋肌沟中。左右侧各三穴。

(14)脾俞:倒数第三肋间,髂骨翼上角水平线处的髂肋肌沟中。左右侧各一穴。

(15)食胀:左侧倒数第二肋间与髋关节下角水平线相交处。一穴。

(16)关元俞:最后肋骨后缘与第一腰椎横突顶端间,背最长肌与髂肋肌之间的肌沟中。左右侧各一穴。

(17)肷俞:左侧肷窝处,即肋骨后、腰椎下与髂骨翼前形成的三角区内。左侧一穴。

(18)肾俞:百会穴旁开6 cm处。左右侧各一穴。

(19)穿黄:胸前,腹正中线旁开1.5 cm处。一穴。

(20)带脉:肘后10 cm的胸外静脉上。左右侧各一穴。

(21)滴明:脐前约15 cm,腹中线旁开约12 cm处的腹壁皮下静脉上。左右侧各一穴。

(22)云门:肚脐旁开3 cm处。左右侧各一穴。

(23)阳明:乳头基部外侧。每个乳头一穴。

(24)阴俞:肛门与阴门(♀)或阴囊(♂)中间的中心缝上。一穴。

(25)后海:肛门与尾根之间的凹陷中。一穴。

(26)尾根:尾背侧正中,荐椎与尾椎接合部棘突间的凹陷中,以手摇尾动与不动前的凹陷处。一穴。

(27)尾本:尾根腹侧正中,距尾基部约6 cm处的尾静脉上。一穴。

(28)尾尖:尾尖腹侧,下有尾静脉。一穴。

4. 后肢部穴位

(1)居髎:髋结节后下方,臀肌下缘的凹陷中。左右肢各一穴。

(2)环跳:髋关节前上缘,股骨大转子前方,臀肌下缘的凹陷中。左右肢各一穴。

(3)大转:髋关节前下缘,股骨大转子正前方约6 cm处的凹陷中。左右肢各一穴。

(4)大胯:髋关节上缘,股骨大转子正上方9~12 cm处的凹陷中。左右肢各一穴。

(5)小胯:髋关节下缘,股骨大转子正下方约6 cm处的凹陷中。左右肢各一穴。

(6)邪气:又名黄金,股骨大转子和坐骨结节连线与股二头肌沟相交处。左右肢各一穴。

(7)仰瓦:汗沟穴下方12 cm处的同一肌沟中。左右肢各一穴。

(8)肾堂:后肢股内侧的皮下隐静脉上。左右肢各一穴。

(9)掠草:膝盖骨下缘稍外方,膝外、中直韧带之间的凹陷中。左右肢各一穴。

(10)阳陵:膝关节后方约12 cm,胫骨外髁后上缘的凹陷中。左右肢各一穴。

(11)后三里：掠草穴斜外下方约9 cm，腓骨小头下部，腓骨伸肌与趾外侧伸肌之间的肌沟中。左右肢各一穴。

(12)曲池：跗关节背侧稍偏外，中横韧带下方，趾长伸肌外侧的跖外侧静脉上。左右肢各一穴。

(13)滴水：后肢蹄叉前缘正中稍上方，第三、四趾的第一趾节骨中部背侧面。左右肢各一穴。

(14)后蹄头：第三、四趾的蹄匣上缘正中，有毛与无毛交界处。每蹄内外侧各一穴。

(四)分析讨论

1. 牛常用穴位的取穴方法有几种？

2. 牛常用穴位的主治是什么？

三、猪常用穴位

(一)实验目的

掌握猪常用穴位的准确位置、取穴方法、针法及主治，以便准确定位，为临床应用奠定基础。

(二)实验材料

1. 实验动物

猪。

2. 实验器材

针具、保定架、猪针灸穴位挂图及模型。

(三)方法和步骤

常用穴位如下，并按照所述部位分别取穴。

1. 头颈部穴位

(1)天门：两耳根后缘连线中点，即枕寰关节背侧正中点的凹陷中。一穴。

(2)耳尖：又名血印。耳郭背面，距耳尖约2 cm处的三条耳大静脉支上。每耳任取一穴。

(3)山根：吻突上缘弯曲部向后一条皱纹正中为主穴，两侧旁开1.5 cm处为二副穴，共三穴。

(4)开关:又名牙关。口角后上方,咬肌前缘,最后一对上下臼齿之间。左右侧各一穴。

(5)玉堂:口腔内,上腭第三腭褶正中旁开0.5 cm处。左右侧各一穴。

(6)承浆:下唇正中,有毛无毛交界处。一穴。

(7)太阳:外眼角后上方,下颌关节前缘的凹陷处。左右侧各一穴。

(8)脑俞:又名透脑。下颌关节前上缘的凹陷中,即由外眼角到耳根内侧连线的正中处。左右侧各一穴。

(9)耳根:耳根正后方,寰椎翼前缘的凹陷处。左右侧各一穴。

(10)安神:耳根后方,枕骨嵴与寰椎翼前缘连线的中、下1/3交点处。左右侧各一穴。

(11)睛明:又名睛灵。下眼眶上缘,两眼角内、中1/3交界处。左右眼各一穴。

(12)睛俞:上眼眶下缘正中的凹陷处。左右眼各一穴。

(13)锁口:口角后方约2 cm的口轮匝肌外缘处。左右侧各一穴。

2. 前肢部穴位

(1)抢风:肩关节后方,三角肌后缘、臂三头肌长头和外头形成的凹陷中。左右肢各一穴。

(2)前缠腕:前肢内外侧悬蹄稍上方的凹陷中。左右肢内外侧各一穴,共四穴。

(3)涌泉:前蹄蹄叉正中上方约2 cm处的凹陷中,即第三、四掌、跖骨远端之间隙处。左右肢各一穴。

(4)前蹄头:前蹄蹄甲背侧,蹄冠正中有毛与无毛交界处。每蹄内外侧各一穴。共四穴。

3. 躯干部穴位

(1)大椎:第一胸椎与最后颈椎棘突之间,肩胛骨前缘的延长线与背中线相交处的凹陷中。一穴。

(2)苏气:第四、五胸椎棘突间的凹陷中。一穴。

(3)断血:最后胸椎与第一腰椎棘突间的凹陷中为主穴,向前、向后各移一脊椎为副穴。共三穴。

(4)百会:腰荐十字部,即最后腰椎与第一荐椎棘突间的凹陷中。一穴。

(5)肾门:第三、第四腰椎棘突间凹陷中,即由百会穴向前数的第三个凹陷中。一穴。

(6)脾俞:倒数第二肋间距背中线6 cm的髂肋肌沟中。左右侧各一穴。

(7)关元俞:最后肋骨后缘与第一腰椎横突之间的髂肋肌沟中。左右侧各一穴。

(8)肺俞:倒数第六肋间,距背中线约10 cm的髂肋肌沟中。左右侧各一穴。

(9)阳明:最后两对乳头基部外侧旁开约1.5 cm处。左右侧各两穴。

(10)尾尖:尾尖顶端。一穴。

(11)后海:尾根与肛门间的凹陷中。一穴。

(12)莲花:脱出的直肠黏膜上。

(13)尾本:尾部腹侧正中,距尾根部约1.5 cm处的尾静脉上。一穴。

(14)尾根:荐椎与尾椎棘突间的凹陷中,即摇动尾根时,动与不动处。一穴。

4. 后肢部穴位

(1)后三里:小腿外侧上部,腓骨小头下端,第三腓骨肌与腓骨长肌的肌沟内。左右肢各一穴。

(2)后缠腕:后肢内外侧悬蹄稍上方的凹陷中。左右肢内外侧各一穴,共四穴。

(3)滴水:在蹄叉正上方约1.5 cm的凹陷中是穴。左右后肢各一穴。

(4)后蹄叉:后蹄蹄叉正中上方约2 cm处的凹陷中,即第三、四掌/跖骨远端之间隙处。左右肢各一穴。

(5)大胯:髋关节前缘,即股骨大转子稍前下方约3 cm处的凹陷中。左右肢各一穴。

(6)小胯:大胯穴后下方,即股骨后缘、臂端到膝盖骨连线中点处。左右肢各一穴。

(7)汗沟:股二头肌沟中,与坐骨弓水平线相交处。左右肢各一穴。

(四)分析讨论

(1)猪常用穴位的取穴方法有几种?

(2)猪常用穴位的主治是什么?

四、犬常用穴位

(一)实验目的

掌握犬常用穴位的位置、取穴方法、针法及主治,以便准确定位,为临床应用奠定基础。

(二)实验材料

1. 实验动物

犬。

2. 实验器材

针具、保定用具、犬针灸穴位挂图及模型。

(三)方法和步骤

常用穴位如下,并按照所述部位分别取穴。

1. 头颈部穴位

(1)人中:上唇唇沟上、中1/3交界处。一穴。

(2)山根:鼻背正中有毛无毛交界处。一穴。

(3)三江:内眼角下的眼角静脉上。左右侧各一穴。

(4)睛明:内眼角上、下眼睑交界处。左右眼各一穴。

(5)承泣:下眼眶上缘中部。左右侧各一穴。

(6)耳尖:耳郭尖端背面的静脉上。左右耳各一穴。

(7)天门:枕寰关节背侧正中的凹陷中。一穴。

(8)上关:下颌关节后上方,下颌骨关节突与颧弓之间的凹陷中。左右侧各一穴。

(9)下关:下颌关节前下方,颧弓与下颌骨角之间的凹陷中。左右侧各一穴。

(10)翳风:耳基部下颌关节后下方,乳突与下颌骨之间的凹陷中。左右侧各一穴。

2. 前肢部穴位

(1)肩井:肩关节前上缘,肩峰前下方的凹陷中。左右肢各一穴。

(2)肩外俞:肩关节后缘,肩峰后下方的凹陷中。左右肢各一穴。

(3)抢风:肩关节后方,三角肌后缘、臂三头肌长头和外头形成的凹陷中。左右肢各一穴。

(4)郗上:肩外俞与肘俞间连线的下1/4处,肘俞穴前上方。左右肢各一穴。

(5)肘俞:臂骨外上髁与肘突之间的凹陷中。左右肢各一穴。

(6)曲池:肘关节前外侧,肘横纹外端凹陷处。左右肢各一穴。

(7)前三里:前臂外侧上1/4处,腕外侧屈肌与第五指伸肌间的肌沟中。左右肢各一穴。

(8)外关:前臂外侧下1/4处,桡骨与尺骨的间隙中。左右肢各一穴。

(9)内关:前臂内侧下1/4处,桡骨与尺骨的间隙中,即与外关相对的前臂骨间隙中。左右肢各一穴。

(10)阳池:腕关节背侧,腕骨与尺骨远端之间的凹陷中。左右肢各一穴。

(11)膝脉:腕关节内侧下方,第一、二掌骨间的掌心浅内侧静脉上。左右肢各一穴。

(12)涌泉:第三、四掌(跖)骨间的掌(跖)背侧静脉上。左右肢各一穴。

(13)指(趾)间:又名六缝。掌(趾)、指(趾)关节缝中皮肤皱褶处。每足三穴,共十二穴。

3. 躯干部及尾部穴位

(1)大椎:第七颈椎与第一胸椎棘突之间的凹陷中。一穴。

(2)身柱:第三、四胸椎棘突之间的凹陷中。一穴。

(3)灵台:第六、七胸椎棘突之间的凹陷中。一穴。

(4)中枢:第十、十一胸椎棘突之间的凹陷中。一穴。

(5)悬枢:最后(第十三)胸椎与第一腰椎棘突之间的凹陷中。一穴。

(6)命门:第二、三腰椎棘突之间的凹陷中。一穴。

(7)阳关:第四、五腰椎棘突之间的凹陷中。一穴。

(8)百会:腰荐十字部,即最后(第七)腰椎与第一荐椎棘突之间的凹陷中。一穴。

(9)肺俞:倒数第十肋间,距背中线6 cm处的髂肋肌沟中。左右侧各一穴。

(10)肝俞:倒数第四肋间,距背中线6 cm的髂肋肌沟中。左右侧各一穴。

(11)脾俞:倒数第二肋间,距背中线6 cm的髂肋肌沟中。左右侧各一穴。

(12)三焦俞:第一腰椎横突末端相对的髂肋肌沟中。左右侧各一穴。

(13)肾俞:第二腰椎横突末端相对的髂肋肌沟中。左右侧各一穴 。

(14)大肠俞:第四腰椎横突末端相对的髂肋肌沟中。左右侧各一穴 。

(16)关元俞:第五腰椎横突末端相对的髂肋肌沟中。左右侧各一穴。

(17)二眼:第一、二荐椎背荐孔处。左右侧各二穴。

(18)中脘:胸骨后缘与肚脐的连线中点。一穴。

(19)天枢:肚脐旁开3 cm。左右侧各一穴。

(20)尾根:最后荐椎与第一尾椎棘突间的凹陷中。一穴。

(21)尾本:尾部腹侧正中,距尾根部1 cm处的尾静脉上。一穴。

(22)尾尖:尾末端。一穴。

(23)后海:尾根与肛门间的凹陷中。一穴。

4. 后肢穴位

(1)环跳:股骨大转子前方,髋关节前缘凹陷中。左右侧各一穴。

(2)肾堂:股内侧上部皮下隐静脉上。左右肢各一穴。

(3)膝上:髌骨上缘外侧0.5 cm。左右肢各一穴。

(4)膝下:膝关节前外侧,膝中、外直韧带之间的凹陷中。左右肢各一穴。

(5)后三里:小腿外侧上1/4处的胫、腓骨间隙内。左右肢各一穴。

(6)阳辅:小腿外侧下1/4处的胫骨前缘。左右肢各一穴。

(7)解溪:跗关节前横纹中点,胫、跗骨之间。左右肢各一穴。

(8)后跟:跟骨与腓骨远端之间的凹陷中。左右肢各一穴。

(四)分析讨论

(1)犬常用穴位的取穴方法有几种?

(2)犬常用穴位的主治是什么?

五、猫常用穴位

(一)实验目的

掌握猫常用穴位的位置、取穴方法、针法及主治,以便准确定位,为临床应用奠定基础。

(二)实验材料

1. 实验动物

猫。

2. 实验器材

针具、保定用具、猫针灸穴位挂图及模型。

(三)方法和步骤

常用穴位如下,并按照所述部位分别取穴。

1. 头部穴位

(1)人中:又名水沟。鼻唇沟中点处。一穴。

(2)素髎:鼻尖正中。一穴。

(3)开关:口角后上方咬肌前缘,左右侧各一穴。

(4)睛明:眼内角,上下眼睑交界处。左右眼各一穴。

(5)太阳:外眼角后上方凹陷处。左右侧各一穴。

(6)耳尖:耳尖背面静脉上。左右耳各一穴。

2. 躯干部及尾部穴位

(1)伏兔:耳后1 cm、背中线旁开2 cm,寰椎翼后缘的凹陷处。左右侧各一穴。

(2)大椎:第七颈椎与第一胸椎棘突间的凹陷中。一穴。

(3)身柱:又名鬐甲。第三、四胸椎棘突间的凹陷中。一穴。

(4)脊中:第十一、十二胸椎棘突间的凹陷中。一穴。

(5)百会:腰荐十字部,即最后腰椎与第一荐椎棘突间的凹陷中。一穴。

(6)肝俞:倒数第四肋间的髂肋肌沟中。左右侧各一穴。

(7)脾俞:倒数第二肋间的髂肋肌沟中。左右侧各一穴。

(8)次髎:第二背荐孔处。左右侧各一穴。

(9)后海:尾根与肛门间的凹陷中。一穴。

(10)尾尖:又名尾端。尾部尖端。一穴。

3. 前肢部穴位

(1)膊尖:肩胛骨前角的凹陷中。左右肢各一穴。

(2)膊栏:肩胛骨后角的凹陷中。左右肢各一穴。

(3)肩井:肩关节前上缘的凹陷中。左右肢各一穴。

(4)抢风:肩关节后方,三角肌后缘、臂三头肌长头和外头形成的凹陷中。左右肢各一穴。

(5)肘俞:臂骨外上髁与肘突之间的凹陷中。左右肢各一穴。

(6)曲池:肘窝横纹外端与肱骨外上髁之间。左右肢各一穴。

(7)前三里:前臂上1/4处,腕外侧屈肌与第五指伸肌之间的肌沟中。左右肢各一穴。

(8)太渊:腕部桡侧缘的凹陷中。左右肢各一穴。

(9)指(趾)间:足背指(趾)间。每足三穴。

4. 后肢部穴位

(1)环跳:股骨头和髋部连接处形成的凹陷中。左右肢各一穴。

(2)汗沟:股骨大转子与坐骨结节连线与股二头肌沟的交点处。左右肢各一穴。

(3)掠草:膝盖骨胫骨近端形成的凹陷中。左右肢各一穴。

(4)后三里:小腿外侧上部,髌骨下2 cm的肌沟内。左右肢各一穴。

(5)太溪:内踝与跟腱之间。左右肢各一穴。

(6)跟端:外踝与跟腱之间。左右肢各一穴。

(四)分析讨论

(1)猫常用穴位的取穴方法有几种?

(2)猫常用穴位的主治是什么?

六、禽类常用穴位

(一)实验目的

掌握禽常用穴位的位置、取穴方法、针法及主治,以便准确定位,为临床应用奠定基础。

(二)实验材料

1. 实验动物

鸡、鸭。

2. 实验器材

针具、保定用具,鸡、鸭针灸穴位挂图及模型。

(三)方法和步骤

常用穴位如下,并按照所述部位分别取穴。

1. 冠顶

鸡冠顶的冠齿尖端,以第一冠齿为主。一穴。

2. 鼻隔

又名鼻孔。鸡两鼻孔之间,穿过鼻瓣(鼻中隔)。一穴。

3. 承浆

又名颊珠。下喙前缘正中的小珠上。一穴。

4. 翼脉

翅膀下静脉管上。左右翅各一穴。

5. 尾脂

又名尾峰、尾尖。尾端的尾脂腺(即尾根最后荐椎上方)。一穴。

6. 膝节

又名钓前。两脚前面屈处腕中,即胫腓骨与跖骨交界处屈面皱褶中。左右肢各一穴。

7. 立地

脚底肉垫后根正中处,即跖骨的最下端与趾骨的交接面上。左右肢各一穴。

8. 脚底

又名趾底。位于脚掌底部肉垫稍前端,即脚趾底中心稍靠前方处。左右肢各一穴。

(四)分析讨论

(1)禽常用穴位的取穴方法有哪些?

(2)禽常用穴位的主治是什么?

实训四 常用针灸技术

一、白针疗法

(一)实验目的

掌握白针(毫针、圆利针、小宽针)的操作方法,观察动物的针感反应。

(二)实验材料

1. 实验动物

马、牛。

2. 实验器材

毫针、圆利针、小宽针等。

(三)方法和步骤

1. 针前准备

(1)针具检查:按不同穴位选择适当针具,并检查有无生锈、弯裂、卷刃、针锋不利、针尾松动等,发现问题应及时修理或废弃。

(2)消毒:穴位剪毛后用碘酊消毒,针具和刺手用酒精消毒。

(3)保定:对患畜按不同动物保定方式进行保定,保定一定要确实。

2. 切穴法

切穴的手称押手,一般用左手切穴,穴位不同,切穴方法亦不同。

(1)切押法:用左手拇指尖切押穴位皮肤,右手持针,使针尖沿押手拇指甲前缘刺入。

(2)舒张法:用左手拇指、食指按压穴位皮肤上,并向两侧撑开,使穴位皮肤紧张,以利进针。穴位皮肤松弛时用此法。

(3)夹持法:用左手拇指、食指将穴位皮肤捏起,针尖从侧面刺入,如锁口穴。

3. 持针法

刺穴的手称刺手,一般用右手持针刺穴。

(1)毫针持针法:因其细而长,易弯易颤,持针时,用刺手的拇指、食指捏针柄,中指和无名指护住针身或用拇指、食指、中指捏握针柄,捻转进针。长毫针可用拇指、食指、中指三指捏针尖部,留出适当深度,先将针尖刺入皮肤,再持针柄捻转进针。

(2)全握式持针法:此法持针有力,用于圆利针、小宽针或大宽针,即用拇指、食指捏持针尖,留出适当深度,其余三指握针身,并将针尾抵入手心中。

(3)持笔式持针法:用拇指、食指、中指三指握针尾,中指尖抵按针身以控制入针深度。

4. 进针法

(1)捻转进针法:左手切穴,右手持针,针尖刺入皮肤,左右捻转刺入所需深度,此法用于毫针进针,如因皮厚针细不易进针时,可先将14~16号短针头刺入穴位,再把毫针沿针头孔刺入。

(2)急刺进针法:圆利针、小宽针多用此法,即用轻巧而敏捷的手法,将针快速刺入穴位。

(3)飞针法:圆利针、小宽针可用,属于急刺法。其特点是,不用切手,以刺手点穴并施针,辅助动作多,进针速度快,能分散患畜注意力,减少刺皮痛,故入针完毕患畜寂然不动或稍有回避。此法多用于性情暴烈的患畜。

5. 运针法

运针是针刺入穴位后,为了增强针感而运动针体的方法,仅应用于毫针和圆利针。临床常用的运针手法有:提、插、捣、捻、搓、颤、拨等。

(1)提:将针向外、向浅拔,谓之提。

(2)插:将针向内、向深扎,谓之插。

(3)捣:快速连续提插,谓之捣。

(4)捻:左右捻转针身,谓之捻。

(5)搓:单向捻针,谓之搓。

(6)颤:留针期间,用指弹击针尾使针颤抖,谓之颤。

(7)拨:手捻针柄摆动穴内的针尖,谓之拨。

6. 留针

将针留在穴位内一定时间。

7. 退针

退针又称拔针或起针,主要有捻转退针法和抽拔退针法两种。

(1)捻转退针法:压手轻按穴位皮肤,刺手握针柄捻转退针。

(2)抽拔退针法:刺手握针柄迅速拔出。

8. 针刺角度

指针体与穴位皮肤平面所构成的角度,由针刺方向所决定。

(1)直刺:针体与穴位皮肤呈90°角垂直刺入。

(2)斜刺:针体与穴位皮肤呈45°角刺入。

(3)平刺:针体与穴位皮肤呈15°角沿皮刺入。

9. 针刺深度

不同穴位要求不同的进针深度。

10. 针穴举例

(1)毫针脾俞穴:入针4~6 cm,捻转运针或搓针,观察针感——肌肉收缩、颤抖、弓腰、举尾。

(2)小宽针急刺抢风穴:不留针或留针不运针。

(3)圆利针飞针百会穴:针法见前飞针法。

(四)结果观察

观察动物反应及得气情况并记录。

(五)分析讨论

(1)何谓得气?如何体验针感?

(2)针穴中个人有何体会?

二、血针疗法

(一)实验目的

掌握宽针和三棱针的使用方法,掌握血针不同穴位的术式。

(二)实验材料

1. 实验动物

马、牛。

2. 实验器材

大宽针、中宽针、小宽针、三棱针、玉堂钩、针槌。

(三)方法和步骤

1. 术前准备

根据施针要求对患畜进行保定,施针穴位剪毛、消毒;针具和刺手用酒精消毒。

2. 三棱针刺血法

多用于体表浅刺,如三江、大脉穴;口腔内穴位,如通关、玉堂穴等。针刺时右手拇指、食指、中指持针,使针尖露出适当长度,呈垂直或水平方向,用针尖刺破血管,起针后不要按闭针孔,让血液流出,待达到适当的出血量后,用酒精棉球轻压穴位,即可止血。

3. 宽针刺血法

(1)手持针法:以右手拇指、食指、中指握持针体,根据所需的进针深度,留出针尖一定长度,针柄抵于掌心内,进针时动作要迅速、准确。使针刃一次穿破皮肤及血管,针退出后,血即流出。针刺缠腕、曲池等穴位时常用此法。

(2)针槌持针法:先将宽针夹在针槌槌头锯缝内,针尖露出适当长度,推上槌箍,固定针体。施针时,术者手持槌柄,挥动针槌使针刃顺血管刺入,随即出血。针胸堂、肾堂、蹄头等穴位常用此法。

(3)手代针槌持针法:以持针手的食指、中指、无名指握紧针体,用小指的中节放在针尖的内侧,抵紧针尖部,拇指抵压在针体的上端,使针尖露出所需刺入的长度。挥动手臂,使针尖顺血管刺入,血随即流出。

4. 泻血量的掌握

血针的泻血量直接影响患畜治疗效果。泻血量的多少应根据患畜的体质强弱、疾病的性质、季节气候及针刺穴位来决定。一般膘肥体壮的病畜放血量可多些,瘦弱体小病畜放血量宜少些;热证、实证放血量应多,寒证、虚证可不放或少放;春、夏季天气炎热时可多放,秋、冬季天气寒冷时宜不放或少放;体质衰弱、孕畜、久泻、大失血的病畜,禁忌施血针。实施血针后,针孔要防止水浸、雨淋,术部应保持清洁,以防感染。

5. 常用穴位举例

(1)三江:术者面向马头站于病马左前方,左手拇指按压脉管,或轻弹脉管使之怒张,右手持三棱针,于血管汇集处下方沿血管平刺,入针0.5~1 cm,出血。低头保定可增加出血量。

(2)玉堂:保定马头,术者以弓箭步站于马头左侧,左手拇指顺口角伸入,顶住上腭,另四指紧压鼻梁,则马口张开;右手持三棱针或小宽针,或用玉堂钩,平刺0.5 cm,出血。刺后可以左手拇指向切齿方向捋压数次,以保证出血。

(3)通关:保定畜头,术者站于病畜头部左侧,左手食指、中指、无名指并拢,顺口角伸入口腔内，将舌拉出并翻转舌体，食指屈曲顶住舌面，其他四指紧握舌体两侧，使静脉管显露，右手持三棱针，平刺0.5 cm，出血。

（4）颈脉：高系马头，以细绳活扣紧扎于穴下颈部，使脉管怒张，将大宽针装于针槌上。术者站于患畜头侧左前方，左手抓笼头，令头稍偏右侧，右手持针槌，摆动槌柄数次，使针刃对准穴位，急刺0.5 cm，出血。放够血量，左手执绳端急拉，松脱颈绳，右手猛拍畜背，并叫醒病畜，血立即止住。

（5）胸堂：高系马头，使穴位皮肤舒展，脉管显露；术者将大宽针装于针槌上，半蹲式站于病畜患肢肩侧，一手握鬐甲部鬣毛，一手持针槌，使持槌的臂肘紧贴自己胸侧，靠腕力摆槌急刺0.5 cm，出血。放血后，松系马头，即可止血。

（6）缠腕：助手提举健肢，术者左手按穴，右手持三棱针或小宽针，沿血管平刺0.5 cm，出血。如该部有软肿（滑膜炎），可直刺软肿，放出积液。本穴可一针刺透内、外缠腕两次，即令助手提举患肢，术者左手拇指、食指紧按内外两侧穴位，右手持小宽针于筋前骨后静脉管处直刺，一针急透二穴，出血。

（7）蹄头：病畜站立保定，术者将大宽针装于针槌上，手持针槌站于病畜前肢右侧，以弓箭步弓身向下，左手按定马体，右手运槌轻手急针，先刺左肢前蹄头，再刺右肢前蹄头。针后蹄头时，术者站于病畜后肢右侧，左手推按雁翅骨尖，弓身向下，右手运槌轻针急刺，先针左肢后蹄头，再针右肢后蹄头。若用针杖针刺蹄头穴则更为方便安全。

（8）带脉：病马保定，术者以侧身步站于病马肩侧左方，面向畜体后方，左手按鬐甲，右手持大宽针或中宽针，食指中节横压穴位前方，使血脉怒张，然后急刺进针，出血。也可用针槌急刺。

（9）肾堂：提举健后肢保定，术者以弓箭步站于病马健肢股部，一手握尾根，一手持大宽针，向上斜刺脉管，出血。或站于马体后方，一手拉马尾，一手以装有中宽针的针槌急刺脉管，出血。

（10）尾本：固定两后肢保定，术者站于病畜左侧后方，左肘抵压髋结节，左手提举尾根，右手持中宽针或小宽针，向上沿血管急刺，撒尾血即出，举尾血不流。

（四）结果观察

观察针刺穴位出血情况以及病畜反应情况，并做好记录。

（五）分析讨论

（1）血针疗法的作用原理有是什么？

（2）各个常用血针穴位的主治是什么？

三、火针疗法

(一)实验目的

掌握火针疗法的缠针、烧针和针刺方法,为兽医临床应用奠定基础。

(二)实验材料

1. 实验动物

马、牛。

2. 实验器材

各种型号的火针。

(三)方法和步骤

1. 烧针法

(1)缠裹烧针法:用棉花将针尖及针体部分缠裹成长梭形,内松外紧,或用一些小布块叠穿于针尖及部分针体上,然后用植物油浸透缠裹部分(一般用普通食用油),点燃灼烧针体,针尖向上并不断转动,使其受热均匀。待油尽火将熄灭时,用镊子夹去棉花(或小布片)残余灰烬,即可进针。

(2)直接烧针法:用酒精灯的火焰直接烧热针尖及部分针体,而后立即刺入穴位。

2. 针刺法

烧针前预先选好穴位,一般选定3~4穴,经剪毛消毒,用碘酊或甲紫标记穴位,待火针烧透后,左手按穴,右手拇指、食指、中指三指执针身尾端,迅速去掉棉灰,急刺穴中,进针深度根据穴位而定。一般可留针5~10 min,也可不留针。

3. 起针法

起针时,轻轻捻转针身,即可将针拔出。针孔需用碘酊棉球消毒,外敷消炎膏、胶布或贴膏药均可,敷以薄棉,以火棉胶封闭则更好。术后应加强护理,防止摩擦、啃咬及雨水淋浇针孔,以防感染(若发生针孔化脓,应及时进行外科处理)。火针过后7~10 d,才可行第二次扎针,第二次选穴不宜重复上次已用过的穴位。

4. 火针穴位

与白针穴位基本相同,但应注意避开血管,常用的穴位有颈上九委、膊上八穴、胯上八穴、腰间七穴等。

5. 应用举例

火针治疗马后肢风湿证。

(1)穴位选择

① 邪气:尾根切迹旁开线与股二头肌沟相交处是穴。

② 掠草:膝盖骨外下方,膝外、中直韧带之间凹陷处是穴。

③ 阳陵:膝关节外后方,胫骨外髁后上缘凹陷处是穴。

④ 后三里:掠草穴后下方,小腿上部外侧,腓骨小头直下方? 肌沟中是穴。

(2)操作方法

按照上述介绍的烧针法、针刺法、起针法进行针刺操作,在针刺中火针直刺邪气穴4.5 cm,斜向后上方刺入掠草穴3~4.5 cm,直刺阳陵穴3 cm,斜向下方刺入后三里穴2~4 cm。

(四)结果观察

观察治疗后的结果并逐一记录。

(五)分析讨论

(1)谈谈个人实习火针操作法的体会。

(2)火针的作用原理是什么?

四、电针疗法

(一)实验目的

通过实验掌握电针的操作方法,为临床应用电针疗法治疗动物疾病奠定基础。

(二)实验材料

1. 实验动物

马、牛、猪或犬。

2. 实验器材

兽用电针仪、圆利针、毫针。

(三)方法和步骤

(1)将患畜保定,根据病症选定2~4个或更多穴位,剪毛消毒,先按毫针针法刺入穴位,使之出现针刺反应。

(2)将电针仪的正负极导线分别夹在针柄上,当确认输出调节在刻度"0"时,再接通电源。

(3)频率调节由低到高,输出档由弱到强,逐渐调到所需的强度,以患畜能接受治疗为准。通电时间一般为15~30 min，也可根据需要适当延长。

(4)在治疗过程中，为避免患畜对电刺激的适应，可适当加大输出；也可随时调整电针仪，使输出和频率不断变化；还可每数分钟停电一次，然后继续通电。最后结束时，频率调节应该由高到低，输出由强到弱。

(5)完成一次治疗时，应先将输出频率旋钮调至刻度"0"后，再关闭电源，接着除去金属夹，退出针具，消毒针孔。

(6)一般每日或隔日施针1次，5~7 d为一疗程，每个疗程间隔3~5 d。

(四)应用举例

1. 电针治疗动物结症

(1)操作方法：将患畜保定，选取双侧关元俞为一组穴位。穴位部位剪毛消毒，针具消毒。左手切穴，右手持针，与穴位皮肤垂直刺入6~8 cm；然后在两个针柄上分别接正负两极电源，打开电针仪的电源开关，调节电压和频率，可见患畜腹壁出现和电流频率相一致的节律性振动。在通电治疗过程中，电压要逐渐由低到高，频率逐渐由慢到快，一般在升高电压的同时要加快频率，但也可升高电压而不加快频率。电压由低到高，频率由慢到快，当见到动物全身出现强烈颤动或几秒钟强直时，再将电压逐渐降低，频率逐渐减慢。此期间需持续10 min左右，如此反复2~3次即可。最后关闭电源，去掉导线，起针，穴位消毒。

(2)结果观察：观察患畜的针刺反应并记录治疗后肠音、排粪等出现时间。

2. 电针治疗母畜不孕症

(1)选穴：子宫弛缓，主穴为后海，配穴为百会、雁翅；卵泡囊肿，主穴为肾棚，配穴为雁翅、肾俞；卵巢静止或持久黄体，双侧雁翅穴。

(2)操作方法：将患畜保定，在选定的穴位上进行剪毛、消毒、进针。然后将电针仪的正负极导线分别夹在针柄上，将输出调节到刻度"0"位时，接通电源，调节频率由低到高，输出由弱到强，逐渐调到所需强度。通电时间15~30 min。完成治疗时，应先将输出和频率旋钮调至刻度"0"处，关闭电源，除去金属夹，拔出毫针，消毒针孔。每日或隔日一次，5~7 d为一疗程，每个疗程间隔3 d。

(3)结果观察：观察治疗前与治疗过程中的外部发情表现，直肠检查的卵巢形状、大小，卵泡及黄体的大小、数目，以及子宫的变化情况并做好记录。

(五)分析讨论

(1)电针疗法的作用原理是什么?

(2)电针操作中个人有何体会?

五、艾灸疗法

(一)实验目的

了解和掌握常用艾灸疗法的操作方法。

(二)实验材料

1. 实验动物

牛或马、犬或猫,每组各1头(只)。

2. 实验药物

艾绒、艾卷、艾柱(10 mm×25 mm,5 mm×15 mm)、生姜(粗)、独头大蒜、食盐、附片。

3. 实验器材

纱布、布袋、麻袋、小盆、注射器、小刷子、火炉、炒锅、针灸毫针(0.35 mm×50 mm,0.35 mm×75 mm)等。

(三)方法和步骤

艾灸法分为艾炷灸、艾卷灸、温针灸三种。

1. 艾炷灸

包括直接灸和间接灸两种。

(1)直接灸:用艾绒制作成适宜大小的圆锥形艾炷(枣子大或李子大)直接放在穴位上,点燃艾炷尖,待燃烧到底部、不等燃尽就更换一个艾炷,称为"一壮"。每穴灸5~10壮或更多一些。

(2)间接灸:将厚0.2~0.3 cm的生姜片、大蒜片或附片等刺上小孔,垫在艾炷和穴位之间。其他操作同直接灸。

2. 艾卷灸

根据艾灸的方式和对穴位皮肤灼热程度,艾卷灸分为温和灸和雀啄灸两种。

(1)温和灸:将点燃的艾卷距穴位1.5~3 cm处熏烤,每穴连续灸5~10 min。

(2)雀啄灸:将点燃的艾卷像雀啄食一样接近穴位皮肤并立即移开,反复操作,每穴灸3~5 min。

3. 温针灸

是将针刺与艾灸相结合的一种方法,又称针柄灸。先取长度在6 cm以上的毫针,刺入穴位得气后,在留针过程中,取合适的艾柱或截取艾卷在中间打孔,从其下端点燃后,点燃的一端朝向穴位套在针柄之上施灸，无论艾柱还是艾条段，燃端均应距皮肤2~3 cm，以皮肤微微温热为度。

（四）结果观察

观察患畜的灸疗反应，并做好记录。

（五）分析讨论

艾炷灸、艾卷灸和温针灸的操作要点、注意事项、作用原理和适应证各是什么？

六、温熨疗法

（一）实验目的

了解和掌握温熨疗法的操作方法。

（二）实验材料

1. 实验动物

牛或马，每组1头（匹）。

2. 实验药物

醋椒液10 L（取陈醋10 L、花椒500 g，混合煮沸20~30 min，待温备用）、麸皮20 kg、95%的酒精2 L。

3. 实验器材

保定绳、毛刷1把、50 mL注射器2个、软烧棒（取圆木棍1根，长40 cm，直径1.5 cm，一端为手柄，另一端用棉花包裹，外用纱布或绷带包扎，再用细铁丝扎紧，呈圆形或长圆形棉纱球，长约8 cm，直径3 cm）、麻袋布片或厚棉布片、破被单或毛毯1条。

（三）方法和步骤

1. 醋酒灸

俗称火烧战船或火鞍子。将马或牛保定在四柱栏内，用温醋椒液刷湿背腰部被毛，盖上用醋浸湿的双层棉布或麻布；洒上95%酒精，点燃，醋干则用注射器洒加醋，火小则用注射器洒加酒精，勿使棉布烧干；先文火后武火，连续烧至马耳根或腋下出汗时，用干被单盖压灭火焰，抽出湿棉布，固定被单；将动物拴于暖厩，勿受风寒。

2. 醋麸灸

将一半麦麸放在铁锅内加温醋椒液拌炒，加醋的量以手握麦麸成团、放手即散或不全散开为度，炒至麸热 40~60 ℃，趁热马上装入布袋，平搭在腰背部施灸。再用同样方法炒另一半麦麸。两布袋交换使用，稍凉即换，直至马耳后或腋下微汗，除去布袋，盖上干麻袋保暖，勿受风寒。

3. 软烧术

将动物保定于柱栏内，将健肢向前方或后方转位固定。以毛刷蘸醋椒液将术部周围上下大面积涂刷。将软烧棒的棉纱球先浸醋椒液、拧干，然后喷酒点燃。术者摆动软烧棒，使火焰冲向术部燎烧，先缓慢摆动（文火），待 2~3 min 后，术部皮温逐渐增高，可加快摆动（武火）。在烧灼过程中要不断涂刷醋椒液，以免被毛灼烧和患畜因烧痛而过分骚动，并及时向上加酒，使火焰不断。如此治疗持续 30~45 min。

（四）结果观察

观察患畜的表现，将变化过程详细记入病历。

（五）分析讨论

醋酒灸、醋麸灸及软烧术的操作应注意哪些问题？有何临床意义？

七、水针疗法

（一）实验目的

掌握水针疗法的基本操作。

（二）实验材料

1. 实验动物

马、牛、猪或羊。

2. 实验药物

5%~10% 葡萄糖溶液、0.5%~2% 盐酸普鲁卡因、中药注射液、抗生素类药物。

3. 实验器材

注射器、封闭针头、毛剪、棉球等。

（三）方法和步骤

1. 注射部位选择

（1）穴位注射：除血针穴位外，一般毫针穴位均可选用。具体结合不同病证情况选择不同的主治穴位。

（2）痛点或敏感点注射：选用循经络分布所触到的敏感点，或根据触压诊断找出患畜软组织损伤处的压痛点进行注射。

（3）患部肌内起止点注射：对痛点不明显的慢性腰肢疾病的患畜，可在患部肌肉起止点进行注射，注射深度要达到骨膜和肌膜之间。

2. 药物的用量

药物用量的多少，可根据肌肉厚薄而定。如肌肉较厚的部位，用量较多；肌肉较薄的部位，用量适当减少；如每次采用2~3个穴位注射时，每穴可注入20~30 mL；如在四肢、头部肌肉较薄部位，每穴可注入10~20 mL；头部和耳穴等处一般注入0.5~2 mL即可。

3. 操作方法

保定好患畜，在选好的注射部位剪毛并按照常规操作进行消毒。根据病证选择药物，按肌肉部位的深浅、药量的多少，选用适宜的注射器和针头，对准穴位或痛点快速刺入。按照针刺的角度和方向要求，刺到一定深度时，上下缓慢提插，也可旋转针体，待达到针感后，用针筒回抽一下，看有无回血。如无出血时，即可将药液慢慢注入，针后消毒针孔。一般药液不宜注入关节腔内，如误注入关节腔内，会引起发热、关节疼痛、红肿和跛行加重，但经2~3 d后症状自行消失，一般不需要治疗，必要时可给予对症处理。

4. 疗程

注射后局部常有肿胀、疼痛或体温升高等现象，但经过1 d左右即可自行消失。因此，水针疗法一般间隔2~3 d注射1次为宜。如需每日注射，应另选其他穴位。每3~5次为一疗程，必要时可休药3~7 d，再进行第二疗程。

（四）应用举例

水针疗法治疗奶牛不孕症。

1. 穴位选择

（1）百会穴：腰部背侧正中线上，腰荐十字部，即最后腰椎与荐椎之接合部。一穴。

（2）后海穴：肛门与尾根之间的凹陷中。一穴。

（3）雁翅穴：髋结节与背中线所作垂线的中、下1/3交界处。二穴。

2. 操作方法

将奶牛保定，确定百会穴、后海穴、两侧的雁翅穴的位置，局部消毒。百会穴刺入3 cm，后海穴和两侧雁翅穴分别刺入6 cm，得气后每穴分别注入5%葡萄糖溶液15 mL。隔2 d注射1次，每3次为一疗程。如需要可在休药5 d后进行第二疗程。

3. 结果观察

将治疗前与治疗过程中观察到的外部发情表现，直肠检查卵巢的形状、大小，卵泡及黄体的大小、数目,以及子宫的变化,并做好记录。

(五)分析讨论

水针疗法的作用原理是什么?

八、穴位埋线疗法

(一)实验目的

掌握穴位埋线疗法的操作方法。

(二)实验材料

1. 实验动物

猪、牛、马。

2. 实验药物

5%碘酊、70%酒精。

3. 实验器材

毛剪、三角缝针(规格:1/2弧,5×12)、1号铬制羊肠线、脱脂棉、火罐、长镊子、酒精灯、棉球、封闭针头。

(三)方法和步骤

根据病证进行选穴,如治疗仔猪白痢可选脾俞、后三里、尾干穴,眼病选睛明、睛俞穴。

1. 脾俞穴埋线

穴位部剪毛消毒,将穿有羊肠线的缝针,自穴位上方或下方约1 cm处进针,通过皮下、肌肉、沿肋间平行方向穿出,使肠线留在穴位内2 cm,剪去外露线头,轻轻提起皮肤,将肠线埋入皮下,用碘酊涂擦针孔部位。

2. 后三里穴埋线

在穴位上方或下方约1 cm处进针,通过皮下肌肉,沿与胫骨、腓骨长轴平行的方向穿出,肠线在穴位内保留2 cm。

3. 尾干穴埋线

在穴位右侧或左侧0.5~1 cm处进针,从与尾椎骨长轴垂直的方向穿出,肠线在穴位内保留2 cm。

4. 睛明、睛俞穴埋线

取1 cm长的肠线放置在封闭针头的针孔内，将针头刺入穴位，达到所需深度3~4.5 cm后，将毫针插入针头孔内，在缓缓退出针头的同时，将肠线推送入穴内。

(四)结果观察

观察病畜恢复情况，将结果记入病历。

(五)分析讨论

穴位埋线疗法的作用原理是什么？

九、按摩疗法

(一)实验目的

掌握按摩疗法的操作方法。

(二)实验材料

实验动物：猪、牛、马、犬、猫。

(三)方法和步骤

1. 按法

用手指或指掌在畜体病痛部位或穴位上按压，如用掌心按，则面积大；使用指背关节尖端或屈曲中指第二节按，则刺激加强。按法具有疏通经络、活血止痛、开通闭塞之功效，适用于腰背部、臀部等肌肉丰满部位。

2. 推法

术者肩、肘关节放松，屈腕内收，四指屈曲，手握空拳，大拇指伸直盖住拳眼，用拇指的指腹、指峰附着于治疗部位或穴位上，腕部和指关节来回做有节律的摆动。其作用力点的面积小，易于渗透到皮下组织及肌层，能使较深部组织血管扩张，循环加速，具有疏通经络、行气活血的功效，适用于全身各部位。

3. 拿法

术者以大拇指与其他手指对称用力，把皮肤、肌肉或筋膜用力提拿起来，可用单手或双手。本法从两个相反方向对同一部位对称施加压力，并向上提，是强刺激的兴奋手法之一，具有祛风散寒、疏通经络的功效，适用于肌肉丰厚部位。

4. 捶法

术者双手握空拳或五指伸直自然并拢，肩肘关节放松，用腕力使掌缘或掌缘与指根部自由起落于治疗部位。捶击力量可根据病情而定。捶法对神经末梢具有兴奋刺激作用,能活跃局部血液循环,具有疏经活络、行气活血之功效,适用于腰背及四肢等部位。

5. 摇法

患畜保定后,术者一手握住患畜关节近端肢体,另一手握住关节远端肢体,做旋转、屈伸、外展、内收等运动。主要是协助关节的正常功能和位置活动,多用于四肢关节部位。

6. 摩法

术者用手指指腹或掌心放在治疗部位或穴位,来回直线摩动,或顺、逆时针方向做圆形摩动。摩法主要是摩擦力的作用,轻摩、缓摩能起到安抚、镇静及止痛的作用。

7. 揉法

术者用指腹、掌心或掌根部与病痛部位皮肤贴紧揉动。其特点是用力使病痛部位皮下组织滑动摩擦,刺激比较缓和,多作为强手法后的一种缓冲手法。

8. 捏法

术者用手指挤捏皮肤、肌肉,多配合揉法使用,具有祛风散寒之功效。

(四)结果观察

观察病畜恢复情况,将结果记入病历。

(五)分析讨论

按摩疗法的作用原理是什么?

十、拔火罐疗法

(一)实验目的

掌握拔火罐疗法的操作方法。

(二)实验材料

1. 实验动物

猪、牛、马。

2. 实验药物

95%酒精。

3. 实验器材

毛剪、脱脂棉、火罐、长镊子、火柴或打火机、棉球。

(三)方法和步骤

火罐的方法有以下四种。

1. 投火法

将酒精棉球(或纸片)点燃后投入罐内,迅速将火罐罩在应拔的部位上。

2. 闪火法

用镊子夹着燃烧着的酒精棉球在罐内烧一下,立即将棉球取出,迅速将罐子罩在应拔部位上。

3. 架火法

将一块不易燃烧而导热性很差的片状物(如姜片、木片等),放在术部,上面放一小块酒精棉,点燃后,将罐口烧一下,迅速连火扣住。

4. 贴棉法

用棉花一小块,用95%酒精浸湿,贴在罐内壁中段,点燃后迅速罩于术部。

(四)结果观察

拔罐后有无损伤、起泡等现象,如有可涂消炎药膏。观察病畜恢复情况并做好记录。

(五)分析讨论

拔火罐疗法的作用原理是什么?

十一、烧烙疗法

(一)实验目的

了解和掌握烧烙疗法的操作技术。

(二)实验材料

1. 实验动物

牛或马,每组1头(匹)。

2. 实验药物

陈醋0.5 kg。

3. 实验器材

二柱栏、四柱栏、六柱栏、保定绳(长18 m、直径3 cm的围绳1根,吊绳2条,颈绳)、鼻捻子或牛鼻钳1把、尖头刀状烙铁2把、方形刀状烙铁4把、小火炉、煤炭。

(三)方法和步骤

1. 操作

病畜预先停食8 h,二柱栏保定。患部先用尖头刀状烙铁画制烙图,再用方头刀状烙铁加大火度。

2. 注意事项

(1)烧烙部位:应避开重要器官,也不要损伤较大的神经、血管。一般只烧烙一次,如需要在同一部位再次烧烙,应在第一次烧烙创完全愈合后再进行,并且尽量避开前次烧烙面。

(2)烙铁:要烧红,以从火内取出呈白色为宜,烙铁冷却后应及时更换。

(3)烧烙顺序:宜先轻后重,烙铁要顺毛走向运行,刀面一定要平稳接触皮肤,用力方向是下压后拉,切忌前后拖拉。一般先烙内侧后烙外侧,先烙上部再烙下部。

(4)烧烙程度:烧至烙线皮肤金黄色、略呈油状为度,然后用醋喷洒术部,再用烙铁轻烙一遍,即止。

(四)结果观察

注意观察烧烙后患肢恢复情况,并将结果记入病历。

(五)分析讨论

烧烙疗法操作过程中应注意哪些问题?

十二、电针麻醉

(一)实验目的

掌握电针麻醉的操作方法,为临床应用奠定基础。

(二)实验材料

1. 实验动物

马、牛或犬。

2. 实验器材

兽用麻醉治疗综合电疗机或定量电针治疗针麻仪、各种毫针若干。

(三)方法和步骤

以马的电针麻醉为例。

(1)保定与消毒:患畜站立、横卧、仰卧均可。在穴位部剪毛消毒。

(2)取穴与针法:患畜取三阳络穴位组。三阳络透夜眼,针体与皮肤呈15°~20°角,由三阳络穴沿桡骨后缘,斜向内下方夜眼穴方向刺入10~12 cm,以不穿透夜眼,但能触感针尖为度。抢风穴要垂直皮肤刺入6~10 cm。

(3)麻醉方法:先取术部同侧穴位,进行穴位与针体消毒,按针法要求进针,当达到所需深度,采用提插或捻转手法,使患畜产生针感后,在针柄上分别连接电疗电麻机(应先调至麻醉档)的两条输出导线通电,调节频率由低到高,输出电压由小到大。经3~5 min,使电压与频率先后同时调节逐渐达到患畜所能耐受的最大刺激量为止。一般频率在30~50次/s,针刺部位由震颤到强直,患畜表现为安静,诱导期通常为10~20 min,此时针刺术部皮肤,测麻醉程度,当针刺皮肤无痛感,神志保持清醒且很安静,即可施行手术。在手术过程中应一直通电,如在切皮及牵拉肠管时,患畜若有反应,则可加大频率和强度,以保持麻醉效果。在针麻过程中,要注意观察,防止掉针。手术结束后,逐渐将频率与电压旋钮调至“0”位,关闭电源,拔去针具,注意消毒针孔,防止感染。

(四)结果观察

1. 效果判定

将电针麻醉效果共分为四级。

(1)优:切开皮肤,分离组织,内脏或患部牵引整复以及缝合等各项操作中,患畜安静,无疼痛反应,或仅有轻微的局部颤动。

(2)良:上述手术操作中,个别环节局部出现颤动或躲闪反应,内脏以患部牵引整复时出现短时间的不安或轻微骚动,但能较顺利地进行手术。

(3)尚可:各项手术操作中,局部出现明显的颤动或躲闪反应,出现多次间歇性的骚动,但手术尚能进行。

(4)失败:各项手术操作中疼痛明显,患畜强烈骚动,手术难以进行。

2. 结果记录

观察电针麻醉在手术中的麻醉效果并记录。

(五)分析讨论

电针麻醉的作用机理是什么?

实训五 阉割术

一、仔猪阉割术

(一)实验目的

掌握公、母猪常用的阉割方法。

(二)实验材料

1. 实验动物

5~15 kg的健康母猪或公猪,15 kg以上的母猪或公猪,隐睾猪和阴囊疝猪。

2. 实验药物

5%碘酊和70%酒精。

3. 实验器材

阉猪刀具、缝针和缝线。

(三)方法和步骤

1. 术前检查

(1)首先了解猪群近期内有无传染病发生,猪的健康状态如何,若发现病猪,则不阉割。

(2)若母猪出现食欲不振、阴户红肿、流白色分泌物等发情现象,则不阉割。

(3)公猪检查,还应注意检查有无阴囊疝和隐睾现象,一旦发现,则做特殊阉割法。

2. 小挑花术

(1)保定

选一稍有坡度的清洁场所,使猪头部朝下,以利手术操作。术者取骑马式站立,或坐凳式蹲坐。凳的高低与术者小腿的长短相近,以便保定确实。术者以左手抓住小猪的左后腿,右手捏住左侧膝前皱襞,使猪右侧卧,背向术者。右脚踩住猪颈左侧(或踩住猪右耳)，脚跟着地，脚尖用力，把小猪左后腿向后伸直，使猪呈半仰卧姿势，左脚踩住猪的左后肢小腿部。

(2)确定术部

术部位于膝前皱襞与腹中线之间，与倒数第二、三乳头之间相对，拇指按压可感有最低位的凹陷，位于猪背上的中指可触及髋结节。

(3)手术过程

术部消毒，将其皮肤稍向侧方牵移，左手中指抵于髋结节，拇指垂直压迫术部；右手持刀，以拇指及食指控制刀刃的深度，刀尖沿左手拇指前垂直切开皮肤0.8~1 cm(基本与刀刃宽度一致)，深度以感到切开腹膜或见腹水为度；此时迅速将阉割刀向上拨动，以扩大创口，同时左拇指乘势继续用力下压，左脚稍用力踩猪，使猪嚎叫，借猪嚎叫、腹压升高之势，子宫角可随之跳出，称之为"透花"。若不能跳出，则用刀柄继续拨动创口，拇指用力按压，尽量让子宫角自动跳出。若还不能跳出，则用刀柄钩钩取或手指钩出子宫角。

当子宫角露出切口外后，继续牵拉子宫角，其方法有两种：一种是用左右手食指第二指节背面用力压迫腹壁，用两手拇指交替移动拉出两侧子宫角、卵巢及部分子宫体；另一种是以左手弯曲的食指用力压迫切口旁腹壁，拇指和其余手指固定子宫角，右手拇指和食指向外牵拉子宫角并交给左手固定，如此交替牵引，直至拉出卵巢。待两侧子宫角、卵巢、输卵管伞均暴露于创口外面后，一并捻转或刮挫摘除，切不可将卵巢掉入腹腔。摘除后，切口一般无须缝合，若切口超过1 cm以上则应缝合。最后消毒切口，提起猪的后肢，轻轻摇动，以防肠管嵌在切口内。

(4)手术要点和注意事项

① 阉割前猪应保持空腹时较好，子宫角容易跳出。若饱腹，则肠管后移，子宫角被压而不易跳出。

② 保定体位应呈半仰卧姿势，术者宜穿胶底鞋或布鞋，既可保定确实，又可防止踩伤小猪。

③ 切口定位必须准确，偏前则肠管容易挤出，偏后则膀胱圆韧带容易挤出。如遇以上情况，应向相反方向部位钩取子宫角。膀胱圆韧带与输卵管比较相似，应注意区别：圆韧带为乳白色，质地较坚韧；输卵管为粉红色，常伴有鲜红色的输卵管伞。

④ 下刀深度视猪体型谨慎控制，避免损伤腹主动脉。切口边缘要整齐，一刀切透皮肤、肌层，直透腹膜，刀子向上飘动，拇指顺势下压，以利子宫角自然跳出。

⑤ 小猪子宫角比较细嫩，尤其子宫角分叉处，易于拉断，故不可用力过猛，同时防止小猪骚动，以免拉断子宫角。

3. 大挑花术

(1)保定

体型较小的母猪(15 kg以上),术者右手抓住猪的左侧膝前皱襞,使猪右侧倒卧,术者站在猪的背侧,右脚踩住颈部,助手拉住左后腿。体型较大的母猪或老母猪,可由几位助手协助保定。一人握紧两耳,另一人抓住猪的左后腿,再用右脚突然拨动猪体右侧,使猪右侧倒卧,立即在猪颈部压上一根木杠或扁担,两端各由一人按压,固定住头颈,上侧左后肢由一人保定。

(2)确定术部

术部位于左侧肷部三角区的中央。三角区的一边是髋结节到腹下所引的垂线,交于膝前皱襞;另一边是从膝前皱襞向最后肋骨与肋软骨连接处所引直线;第三边是最后肋骨与肋软骨连接处向髋结节所连直线。

(3)手术过程

术部按常规剪毛消毒。术者屈膝位于猪背侧,左手拇指按定切口位置。右手持刀沿左手拇指所按部位做半月形切口,切口大小视猪体大小而定。以右手食指垂直戳破腹肌及腹膜,对于腹壁较厚的老母猪,可先用刀尖端将腹膜戳一小口,再用食指分离扩大。

切口打开后,右手食指伸入腹腔,沿着腹腔背侧内壁向骨盆入口顶部两侧触摸卵巢,摸到后用第一指节钩住卵巢系膜向外钩拉,也可借助刀柄钩协同钩出。若体型过大、过肥的老母猪,手指难以抵达腹腔下部,可在右侧腹下垫上一块木块或砖头,以助子宫位置抬高,便于触摸对侧卵巢。若难以钩出对侧卵巢,可用“盘肠法”,即取出子宫角后,逐渐牵引至末端,把卵巢带出。牵引时,勿使子宫角暴露过多,可边牵引边送回。卵巢钩出后,一般无须结扎,以钝性分离法摘除掉,若卵巢和输卵管充血,则宜结扎后摘除。

卵巢摘除后,一般只对皮肤进行缝合即可。如创口较大,腹壁肌层不能交错覆盖,则应将腹膜做连续缝合,皮肤、肌肉一并做结节缝合。最后消毒创口。

(4)手术要点及注意事项

① 触摸和钩拉子宫、卵巢的操作,民间总结为:“上花对下花,点滴也不差,伸指入,屈指出,小肠软似棉,子肠(卵巢)如豆角,不离尿胞窝。”这对临床实践有重要的指导意义。

② 缝合前必须使子宫角、小肠等完全还纳腹腔。

③ 术后护理,注意防止感染。

4. 公猪阉割术

(1)保定

小公猪保定时,术者右手握住小猪的右后腿而倒提,头向左侧,背向术者,以左脚踩住猪的颈部，右脚踩住尾根，并用左手腕部按压在小猪右侧大腿的后部，使其向前向上。大公猪保定的方法与大母猪基本相同。

(2)确定术部

阴囊缝旁侧1~2 cm，尽量向下，不要靠近肛门。

(3)手术过程

小公猪阉割时，术者以左手中指的背面由前向后顶住一侧睾丸，拇指和食指捏在阴囊基部，将睾丸挤向阴囊底部，以固定睾丸，并使阴囊壁皮肤紧张，便于切开。术部消毒后，右手持刀沿睾丸最突出部位切开皮肤和总鞘膜，挤出睾丸；左手握住睾丸，食指和拇指捏住鞘膜韧带与睾丸连接部；右手撕断鞘膜韧带（白筋），向外牵引睾丸；左手把鞘膜韧带和总鞘膜还纳阴囊后，用食指和拇指固定精索；右手松开睾丸，用食指和拇指在睾丸上方1~2 cm处的精索上来回刮挫或边捻转边刮挫，直至刮断为止。体型很小的猪，也可用刀直接切断精索。于原创口内切开阴囊中隔，以同法摘除另一侧睾丸。最后消毒切口，挤出包皮囊内白色液体，解除保定。大公猪的阉割方法与小公猪基本相似，仅在睾丸上方1~2 cm处结扎精索后，再摘除睾丸。

(4)手术要求与注意事项

① 术前检查阴囊，发现阴囊疝和隐睾，应做特殊阉割术。

② 固定睾丸，绷紧术部皮肤，是切开皮肤、总鞘膜和顺利挤出睾丸的关键。

③ 注意术后护理，谨防破伤风。

5. 隐睾猪阉割术

(1)保定

根据腹壁切口的位置，采取半仰卧保定（呈45°~60°倾斜）或倒悬式保定。

(2)确定术部

一侧性隐睾的术部切口，在隐睾同侧的髋结节向下引一条垂线与腹中线交叉的上方2 cm处腹壁上；两侧性隐睾的术部，在左侧髋结节向腹正中线引垂线的交点上方2 cm处。也有人采用与阉割大母猪相同的手术部位。

(3)手术过程

术部消毒，做3~6 cm的切口。通过切口，伸入食指寻找睾丸。睾丸移动性较大，常在腹股沟区、耻骨区、髂区和肾脏后方的腰区，找到睾丸则拉出切口，结扎精索，切除睾丸，然后分层缝合，消毒切口。

6. 阴囊疝猪阉割术

(1)保定

一般采用倒悬式保定,可使小肠返回腹腔,利于手术;也可采用右侧横卧保定。

(2)确定术部

疝气发生在哪一侧,就在阴囊的哪一侧切口。

(3)手术过程

先将阴囊内的小肠整复回腹腔内。术部消毒,切开阴囊壁,注意不要切破总鞘膜,剥离总鞘膜至腹股沟管环,并固定,防止小肠再次挤向总鞘膜,在固定处用消毒丝线横穿一针,做8字形结扎,离结扎线外侧1~2 cm处切断,则总鞘膜、精索连同睾丸一并摘除。若肠管不能送回腹腔时,可能发生粘连,则需小心切开总鞘膜,伸入手指,仔细分离肠管,送回腹腔,再按上法摘除睾丸。若发现腹股沟管环过大,则还需缝合腹股管环,最后缝合皮肤,消毒切口。

(四)结果观察

观察和护理实验手术后的猪只。

(五)分析讨论

总结分析仔猪阉割术的手术要点和注意事项。

二、禽类阉割术

(一)实验目的

掌握公鸡常用的阉割方法。

(二)实验材料

1. 实验动物

公鸡,体重1 kg左右,以能鸣啼者为宜。公鸡过小,睾丸也小,不易套取及阉净,阉割后也会影响发育;公鸡过大,睾丸根部血管粗大,锯断睾丸血管时,常致大出血,甚至死亡。

2. 实验药物

70%酒精棉。

3. 实验器材

阉鸡器，包括阉鸡刀、扩创弓、扩创钳、睾丸勺、镊子、睾丸套等。

（三）方法和步骤

1. 局部解剖

切口部位在右侧倒数第一、二肋骨之间与髋关节水平线相交处上下，从外向内为皮肤、肌肉及腹膜，腹膜紧贴腹部气囊和胸后气囊壁。睾丸位于倒数第二、三肋骨头的下面、肾脏的前方，两睾丸之间有主动脉及后腔静脉分布。睾丸一般呈椭圆形或梭形，多为淡黄色，也有呈黑色、灰色或灰黑色的；其体积的大小，随月龄与品种不同而异。睾丸前端有系膜与胸前气囊壁相联系，外侧有系膜与胸后气囊壁相联系，左右睾丸之间有系膜隔开，故套取睾丸之前，必须首先捣破和断离系膜，才能顺利摘除。

2. 保定

术者坐在小凳上（或蹲着）将公鸡两翅交扣后，两翅踏于术者左脚下，把鸡腿并拢向后拉直，踏于术者右脚下，使公鸡成左侧卧位，背向术者。

3. 术部

从髋关节向前引一水平线，与最后两肋之间的相交处，是切口中点。

4. 术式

（1）术部处理

先把切口及附近的羽毛全部拔掉，用冷水湿透周围羽毛，充分暴露切口。

（2）切开术部

用左手拇指按准切口，右手持刀沿左手拇指前缘与肋骨平行做长2~3 cm的切口，下刀至腹膜。

（3）扩张切口

用扩创器扩开切口，调节扩创器到适当程度。

（4）捣破腹膜

用睾丸套尖锐的一端朝腹膜向上挑紧，用阉鸡刀划破腹膜，同时分离腹部气囊壁，使切口通向腹腔深部。

（5）寻找与游离睾丸

左手执睾丸勺，将肠管向下向后拨开，即可看到右侧睾丸，睾丸大者不拨开肠管也能看见。右手用镊子把睾丸被膜捏离睾丸实质，用睾丸套尖端撕破被膜，使睾丸完全暴露于被膜之外。然后左手持睾丸勺将右侧睾丸附近的肠管向后拨开，即可见到与左侧睾丸相隔的两层薄膜。右手用镊子避开血管将薄膜捏紧，适当向上拉，左手用睾丸勺的尖端撕破薄膜，放下镊子，将左手的睾丸勺移交给右手，用睾丸勺将左侧睾丸向上翻起。

（6）摘除睾丸

如果睾丸较大就先取上面（右侧）的，若睾丸过小则先取下面（左侧）的，以免摘除上面的睾丸时，损伤血管出血，不易找到下面的睾丸。摘除睾丸的手法是，左手持睾丸勺上棕丝的游离端，右手持勺端，自怀中向外转，绕过睾丸游离边的下面，套住睾丸根部；然后左右手交叉，上下均匀拉动棕丝，锯断睾丸。若出血，可用睾丸勺背面沾冷水迅速压住睾丸根部，血止后，继续用同法摘除右侧睾丸，并轻轻取出凝血块。对于小公鸡则适用小竹筒制的套睾器，即用内径0.1 cm的小竹枝，长为5 cm，将一条约12 cm长的棕丝等分弯折并穿过5 cm长的小竹筒，在下端弯折处留一套睾的小圆圈，借睾丸勺的帮助，将两侧睾丸套在小圆圈内，然后缓缓将棕丝上提，待棕丝圆圈收缩至睾丸根部时，迅速将棕丝上拉，把睾丸根部切断，然后用勺把睾丸取出。

（7）切口处理

摘除睾丸后，取出扩创器，切口不需缝合，在术口贴上羽毛，松开交扭的翅膀，解除保定，让其安静休息。

5. 手术要点及注意事项

（1）选准切口部位，是准确暴露和保证顺利摘除睾丸的重要一环。在摘除睾丸之前，充分刺破腹膜，分离睾丸被膜、睾丸系膜与气囊壁的联系，使棕丝紧贴睾丸根部，才能顺利取出睾丸。

（2）术中避免损伤血管，若遇出血时，立即用冷水按压止血，待血止后，轻轻将凝血块取出，防止内脏粘连；同时避免刺破气囊，引起气肿。

（3）摘除睾丸要细心，避免将睾丸弄碎，做到完整摘除，如有残留或睾丸掉入腹腔找不出来，均达不到阉割的目的。

（4）对大公鸡的阉割，先喂几勺冷水，使血管收缩后进行阉割，可减少出血或死亡。

（5）凡是脚高、冠小、绿耳朵、白色、体格大的品种鸡，其个体特异性不同，比较难阉割，故手术时更应仔细。

（四）结果观察

术后需观察手术效果，注意公鸡阉割后的精神、动态、食欲、鸡冠色泽、粪便等情况，尤其应注意有无后出血，以便及时止血补救。

（五）分析讨论

（1）公鸡阉割术的手术要点有哪些？

（2）本次实习中，术部如何确定？手术如何操作？有哪些优缺点？

实训六　温热病证的辨证论治

温热病邪从口鼻而入，首先犯肺，由卫及气，由气入营，由营入血，病邪步步深入，病情逐渐加重。

(一)实验目的

了解“卫气营血”辨证方法的临诊意义，掌握温热病之“卫气营血”辨证的基本技能。

(二)实验材料

1. 实验动物

动物医院临诊典型温热病例。

2. 实验器材

保定器械及相应配套设施，听诊器每组1个，体温计每组1支，酒精棉球每组1瓶，病历表每人1份等。

(三)方法和步骤

(1)按病例数将学生分为若干小组，每组选出主诊人与记录人员，根据“四诊”要求和温热病的特点，对有典型症状的病例进行诊断。

(2)由主诊人对患病动物进行望诊、问诊、闻诊与切诊的全面检查，检查时，尤其要注意口色、脉象的变化，以及皮毛、咽、鼻、二阴、粪尿等异常变化。

(3)记录人员对主诊人检查所得内容及时填写入病历表中，文字要简洁。

(4)临诊症状收集完毕后，小组讨论，辨别证候，做出初步判断。

【注意事项】

(1)选择病例要慎重，不但主证要明显，而且要考虑其治疗价值。

(2)温热病传变迅速，变化多端，临诊证候复杂，同学们要在指导教师引导下认清关键意义的症状、口色及脉象。

(3)实习病例中若有传染病病例，要严格做好消毒工作。

(四)结果观察

运用"卫气营血"辨证对患畜进行辨证、遣方用药并开具处方。记录治疗效果,详细填写病历。

(五)分析讨论

温热病证在不同阶段的主证分别有哪些?请结合病例进行描述。

实训七　犬细小病毒病辨证论治

犬细小病毒病是由犬细小病毒引起的一种急性传染病，其特征是呈现出血性肠炎（血痢）和非化脓性心肌炎症状，多发于3~6月龄的幼犬。幼犬断奶前后正气不足，脾胃虚弱，若病犬直接接触或食入被污染的饲料，病毒邪气可乘虚而入，伤及脾胃，特别是小肠后段郁而化热，浸淫营血，迫血妄行，呈现出血性肠炎症状；伤及心肺，肺失宣发肃降，心肌受损，扰乱心神，呈现心肌炎症状。

（一）实验目的

掌握犬细小病毒病的常见类型、病因病机、临床症状及常用中兽医诊治方法。由此举一反三，了解犬、猫等宠物其他传染病的一般辨证论治的原则和方法。

（二）实验材料

1. 实验动物

动物医院临诊病例。

2. 试验药物

常用中草药。

3. 实验器材

常用犬保定和诊疗器械，如保定架，保定绳，中药粉碎、调制和投药器具。

（三）方法和步骤

本实训是理论联系实际的重要环节，为了更好地完成实习，根据班级情况将学生分成几组，每组设组长一人，按下列方法和步骤进行实习实训。

1. 诊断

在这个环节当中，需要同学们积极参与并动脑思考，在纷繁的病症中找出典型症状，要求同学们在进行实训前做好相关知识的储备。

（1）望诊

各组组长分组领取病犬，然后以组的形式对病犬进行诊断。注意收集典型症状并做好记录，诊断过程中要细致，不要遗漏望诊的各个环节。粪便的形态、颜色和气味，小便多少、颜色和气味，患犬的精神、体质，口腔干湿情况和气味、舌色、舌苔，皮肤弹性，眼窝情况等。最后由老师做阶段性总结，进入下一个诊断环节。

(2)闻诊

闻诊是通过听觉和嗅觉了解病情的一种诊断方法，包括耳听声音和鼻嗅气味两个方面。

① 听声音：包括叫声、呼吸声、咳嗽声、咀嚼音及胃肠音，同时结合听诊心、肺等音响。

② 嗅气味：包括口气、鼻气、粪、尿、乳汁等的气味。正常粪便有一定的臭味；在某些胃肠疾病过程中，臭味不显，多为虚寒证；臭味浓重，多为湿热证。正常尿液气味较小；在疾病过程中，气味熏臭，多为实热；无异常臭味，多属虚寒。

(3)问诊

请熟悉病犬情况的人或犬的主人接受同学们的问诊，每组由组长进行问诊，其他同学做好记录，特别注意要围绕犬细小病毒病的典型症状进行问诊。最后由老师根据病犬的饲养管理、发病症状、治疗经过等补充同学们的遗漏，并带领大家简单地复习一下问诊知识，最后由老师做阶段性总结，进入下一个诊断环节。

(4)切诊

围绕切诊的六纲，试着掌握诊脉的基本手法，先由老师做示范，然后由同学们逐个进行诊脉，并在病历上记录自己诊脉的结果。

2. 辨证论治

经过望、闻、问、切的诊断，每个同学把收集的资料都记录到病历上，同学们要根据自己所记录的一切与疾病相关的信息对疾病做出合理正确的辨证。

犬细小病毒肠炎，可以从八纲辨证入手。初中期证见：食欲减退或废绝、呕吐，便黑带血，精神沉郁，体温升高，口色红，苔黄，脉洪数，此时犬正气未衰且邪气亢盛，乃为实热阶段。治疗以清热解毒、凉血和燥湿祛邪为主，辅以降逆止呕，可用白头翁汤加减。

病犬晚期可见：形衰少气，精神极度沉郁，站立不稳或倒地不起，体温偏低或稍高，口色红绛，少苔或无苔，脉象细数无力，此时病犬因脱水而伤阴且气虚。治疗应注意扶正祛邪，祛邪而不伤正气，可用玄参、生地、麦门冬滋阴，甘草、薏米、山药、茯苓平补阳气，再加白头翁汤。根据病情可将以上几类药物合理配合使用。

另外该病属于瘟疫的范畴，也可应用“卫气营血”辨证进行证候分析。初期盛疫之邪先犯肺卫，随着病势转深，病情渐重，该病中期表现为气分病证，后期邪入营血，伤阴且影响心神。辨证之后要求同学们筛选出适合此病例的治疗方剂。可以根据病情具体情况进行药味加减，并试着写出方解。

3. 注意事项

（1）辨证施治的成败关键在于病例的典型程度，因而必须在事前认真选择好病例，典型症状应基本准确和明显，方可作为实习病犬。

（2）在学生讨论过程中，老师应起到引导作用，引导学生由浅入深、由表及里，通过各种诊断方法，抓住本病的主要特征，正确地做出诊断。

（3）严明组织纪律，注意安全教育，防止事故发生。

（四）结果观察

根据四诊收集的临床资料对患犬进行中兽医辨证、遣方用药并开具处方。记录治疗效果，详细填写病历记录。

（五）分析讨论

分析讨论犬细小病毒病不同发病阶段的中兽医证型及论治法则。

实训八　幼畜腹泻病证的辨证论治

幼畜腹泻是临床上较为常见的一种疾病，细菌、病毒、寄生虫等病原微生物均可引发该病。其临床表现除每天多次腹泻水样粪便外，还伴有发热、呕吐等症状。该病主要是指幼畜哺乳期发生腹泻，包括仔猪白痢、新驹奶泻、犊牛乳泻、羔羊稀泻等。幼畜初生时，由于“稚阴稚阳”，形气不足，卫外不固，胃肠道的消化机能和防御机能不完善，很容易由于消化不良或病原微生物感染而引起腹泻；同时，由于胃肠脆弱，全身抗病能力差，一旦发生腹泻，又容易受到饲养管理和环境因素的影响而使病情迅速恶化，甚至引起死亡。

(一)实验目的

掌握幼畜的生理、病理特点和对幼畜腹泻病证进行诊断的方法，掌握幼畜腹泻病证的中兽医诊治技能。

(二)实验材料

1. 实验动物

动物医院临诊病例。

2. 实验药物

幼畜腹泻的常用中药，如白术、乌梅、人参、苦参、茯苓；成方制剂，如五苓散、葛根芩连汤、保和丸、补中益气汤、四神丸。

3. 实验器材

一般保定和诊疗器械，如保定绳、体温计、听诊器、中药调制和投药器具、针灸针、电针治疗仪等。

(三)方法和步骤

本实训是理论联系实际的重要环节，为了更好地完成实训，根据班级情况将学生分成几组，每组设组长一人，按下列方法、步骤进行实习实训。

1. 诊断

在临诊病例诊断过程中，需要同学们积极参与思考，在繁杂的病症中抓住典型症状。

要求同学们在进行实习前做好相关知识的储备。

(1)望诊

各组组长分组领取病畜,然后以组的形式对病畜进行诊断,注意收集典型症状并做好记录,诊断过程中要细致,不要遗漏望诊的各个环节。粪便的形态、颜色和气味,小便多少、颜色和气味,病畜的精神、体质,口腔干湿情况和气味,舌色、舌苔,皮肤弹性,眼窝情况等。最后由老师做阶段性总结,进入下一个诊断环节。

(2)闻诊

闻诊是通过听觉和嗅觉了解病情的一种诊断方法,包括耳听声音和鼻嗅气味两个方面。

① 听声音:包括叫声、呼吸声、咳嗽声、咀嚼音及胃肠音,同时结合听诊心、肺音响。

② 嗅气味:包括口气、鼻气,粪、尿、乳汁等的气味。粪便正常时有一定的臭味;在某些疾病过程中,臭味不明显,多为虚寒证;臭味浓重,多为湿热证。尿液正常时气味较小;在疾病过程中,气味熏臭,多为实热;无异常臭味,多属虚寒。

(3)问诊

请熟悉病畜情况的人或病畜的主人接受同学们的问诊,每组由组长进行问诊,其他同学做好记录。特别注意要围绕幼畜腹泻病证的典型症状进行问诊。最后由老师根据病畜的饲养管理、发病症状、治疗经过等补充同学们的遗漏,并带领大家简单地复习整个问诊的知识,最后由老师做阶段性总结,进入下一个诊断环节。

(4)切诊

掌握诊脉的基本手法,先由老师做示范,然后由同学们逐个进行脉诊,并在病历上记录下自己诊脉的结果。

2. 辨证论治

经过四诊的实习实训,每个同学将收集的资料全部记录到病历上,并根据自己所记录的一切与疾病相关的信息对疾病做出正确合理的辨证。幼畜腹泻在辨证上主要可以分为伤乳泄泻、湿热泄泻和脾虚泄泻等证。在临床上一定要注意予以区分。

(1)伤乳泄泻

多见于单纯性消化不良。

① 主证:泻下乳白或灰白,夹有乳块,粪便黏滞,常出现呕吐,其味酸臭,吃奶减少,精神稍差,口内酸臭,口色微红,舌苔厚腻。

② 治则:消食助运,和中止泻。

③ 方药:“保和散”加减,山楂、生麦芽、生六曲、莱菔子、半夏、陈皮、茯苓、连翘、白术

用水煎服。兼有里寒，见形寒肢冷、口色青白者，加干姜、厚朴；口色发红，有热象者，加黄连、木香。

(2)湿热泄泻

多见于中毒性消化不良。

① 主证：发病较急，泻下暴注，日泻频繁，粪便稀薄如水，色黄腥秽，有时带血，肠鸣腹痛，发热口渴，神情淡漠，眼睛半闭，甚则高热，躁动不安，呼吸加快，尿短少，眼球凹陷，全身衰竭，卧地难起，口干舌燥，口色赤红，舌苔黄腻或者干燥发灰。

② 治则：清热解毒，化湿止泻。

③ 方药："葛根芩连汤"合"乌梅散"加减，葛根、黄连、黄芩、乌梅(去核)、煨诃子、姜黄、地锦草、车前草、甘草水煎服。泻下带血者，加银花炭、白头翁、马齿苋、地榆炭；腹痛甚者，加白芍；津液耗伤，见口渴不安，眼球凹陷者，去地锦草、车前草，加石斛、麦冬、芦根；如兼气虚，见神疲无力，两目冷淡，脉象虚弱者，再加党参；阴伤及阳，阳虚欲脱，见口色苍白，四肢厥冷，耳鼻冰凉，脉微欲绝者，急当回阳救逆，可试用"附子理中汤"合"生脉散"加减(党参、制附子、麦冬、五味子、干姜、甘草、煅龙骨、煅牡蛎水煎服)，同时必须配合强心、补液等疗法。

(3)脾虚泄泻

多见于消化不良，病程迁延的幼畜。

① 主证：腹泻日久不愈，便黄稀薄，混有气泡，或夹有未消化的饲料块或奶块，吃奶减少，逐渐消瘦，神疲乏力，不愿站立，口色淡白，舌苔薄白或薄黄，脉象沉细。

② 治则：补脾养胃，和中止泻。

③ 方药："参苓白术散"合"诃子散"加减，党参、白术、茯苓、白扁豆、煨诃子、炮姜、砂仁水煎服。有腹痛者，加木香、白芍；泻粪如浆，且带血丝者，去炮姜、砂仁，加黄连、赤芍；形寒肢冷、口色苍白兼有里寒征象者，加附子或肉桂；清泄不止，加大煨诃子的用量，再加五味子、肉桂等。

3.注意事项

(1)辨证施治的关键在于临诊病例症状的典型程度，因而必须认真选择临诊病例，典型症状应基本准确和明显，方可作为实习病犬。

(2)学生讨论过程中，老师应起到引导作用，引导学生由浅入深、由表及里，通过各种诊断方法，抓住本病的主要特征，正确地做出诊断。

(3)严明组织纪律，注意安全教育，防止事故的发生。

(四)结果观察

根据“四诊”收集的临床资料对患畜进行中兽医辨证、遣方用药并开具处方。记录治疗效果,详细填写病历记录。

(五)分析讨论

分析讨论幼畜腹泻的中兽医证型及论治法则。

实训九　疮黄疔毒的辨证论治

疮黄疔毒是动物常见的外科病证，从发病情况来看，发病部位、形态及名称等有所不同，但致病原因基本相似。《元亨疗马集》中指出："马者，火畜也。……又缘牧养太盛，膘肥肉重，多立少骑，谷料热毒积于肠内，败血瘀汗隐注肌肤；春不抽六脉之血，夏不灌清凉之药，以致气血太盛，热注三焦，致令周身发生痈肿，皆缘久积热毒于内也。"临床常见的病因有外感六淫邪毒、虫兽咬伤、外伤、劳伤虚损以及饲养管理不当等。从疮黄疔毒的发生、发展、变化过程来看，该病证与机体气血、脏腑、经络密切相关。局部的经络阻塞、气血凝滞、血肉腐败，以及脏腑功能失调等，是该病证的总病机。

（一）实验目的

了解并掌握动物外科病证疮黄疔毒的临诊表现及常用中兽医诊疗方法。

（二）实验材料

1. 实验动物

动物医院临诊病例。

2. 实验药物

常用中药及成方制剂，如清热解毒药、活血消肿药、排脓生肌药、外用消毒药。

3. 实验器材

镊子、外科刀、酒精棉球、纱布、温度计等。

（三）方法和步骤

本实训是理论联系实际的重要环节，为了更好地完成实习，根据班级情况将学生分成几组，每组设组长一人，按下列方法、步骤进行实习实训。

1. 诊断

临诊病例诊断过程中，需要同学们积极参与并思考，在繁杂的病症中抓住典型症状。要求同学们在进行实习前做好相关知识的储备。

请熟悉病畜情况的人或病畜的主人接受问诊，每组由组长进行问诊，其他同学做好记录，通过询问重点了解发病原因、发病时间、有无传染等信息。观察肿胀或破溃的形状（漫肿平塌还是肿起高大？）、有无分泌物、分泌物的性状等。触诊观察肿胀的温度、硬度、疼痛性，有无波动性，必要时进行穿刺以观察内容物的性状。已破溃者，要对其创面的深度、广度以及脓汁的性状进行观察检测。

2. 辨证

经过“四诊”的实习实训，每位同学将收集的资料全部记录到病历上，并根据自己所记录的一切与疾病相关的信息对病畜做出正确合理的辨证。

将“四诊”收集的所有资料进行归纳分析。一般情况下，红、肿、热、痛者属阳，肿胀不热不痛者属阴；肿而高大、根盘紧束者属阳，漫肿平塌、根脚散漫者属阴；脓成易溃且溃后易收口者属阳，肿毒不易化脓、脓成不易溃或溃后不易收口者为阴。全身症状表现为初期发热、恶寒、口渴、大便秘结、小便黄赤，后期全身症状随疮疡破溃而逐渐消失者为阳，且一般病程较短，预后良好；初期全身无明显变化，以后出现虚象者为阴，且疗程一般较长，创口一般不易愈合。

3. 论治

疮疡发病过程中，一般可以分为初起、成脓及溃后三个阶段，治疗过程中应根据病因病机和临床症状采用消、托、补三个不同的治疗法则。

（1）内治法

疮之初期多为痈肿，治宜清热解毒、活血化瘀，方用真人活命饮或五味消毒饮加减；疮疡久不成脓或脓成不溃者，宜补气养血、托毒排脓，方用透脓散或托里消毒散加减；溃后不敛，脓水清稀，神疲脉虚，治宜补气养血，方用八珍汤加减。黄肿者治宜清热解毒、凉血散瘀，方用消黄散加减。疔的治疗法则可参考疮疡的治法：阳毒者治宜清热解毒、软坚散结，方用昆海汤加减；阴毒者治宜解毒消肿、软坚散结，方用土茯苓散或阳和汤加减。

总之，内治法初期宜消散，中期宜内托，后期宜补养，但在复杂病情下，往往数法合并使用。其他如兼有痰结者，加祛痰法；湿阻者，加利湿法。除按病变过程阳证、阴证的基本原则外，亦可按部位治疗之法，如上部加祛风药，中部加行气药，下部加祛湿药。

（2）外治法

该法虽不同于内治法必须严格地明辨虚实、分经主治，但也应根据不同的阶段和不同的症状，选择最适用的方法，可以单独使用，但大多数与内治法配合应用。

痈肿及黄肿初期可外敷金黄散、雄黄散或栀子大黄散；痈肿已成脓，宜切开排脓冲洗创腔，可填入外用药；痈肿已溃，局部坚硬肿胀、肉色暗红者，治宜五五丹；疮疡溃烂、创口不收敛者，治宜防腐生肌散；溃疡久溃、创口不收者，治宜九一丹。

4.注意事项

① 辨证施治的关键在于临诊病例症状的典型程度,因而必须认真选择临诊病例,典型症状应基本准确和明显,方可作为实习病例。

② 学生讨论过程中,老师应起到引导作用,引导学生由浅入深、由表及里,通过各种诊断方法,抓住本病的主要特征,正确地作出诊断。

③ 严明组织纪律,注意安全教育,防止事故发生。

(四)结果观察

根据“四诊”收集的临床资料对患畜进行中兽医辨证、遣方用药并开具处方。记录治疗效果,详细填写病历记录。

(五)分析讨论

分析讨论疮疡、黄肿、疔毒、痈疽的中兽医证型及论治法则。

实训十　老年犬腰肢病证的辨证论治

老年犬常出现双后肢无力的现象，表现为行走无力，或双后肢交叉，或起卧困难等，腰椎泛发性椎间盘突出压迫脊髓是最常见的致病因素。此类病证通过中兽医治疗能取得显著疗效。

（一）实验目的

了解双后肢无力症状的辨证方法，掌握使用中兽医药对其进行辨证论治的基本技能。

（二）实验材料

1. 实验动物

动物医院临诊典型双后肢无力患犬的病例。

2. 实验药物

临床常用中草药。

3. 实验器材

神经检查锤1把，防滑地垫1个，听诊器（每组1个），止血钳（每组1个），体温计（每组1支），针灸架1套，电针仪1台，不同型号针灸针若干，病历表每人1份等。

（三）方法和步骤

（1）按病例数将学生分为若干小组，每组选出主诊人与记录人员，对有典型症状的病例进行诊断。

（2）由主诊人对患病动物进行望、闻、问与切四诊的全面检查。检查时，尤其要注意口色、脉象的变化，以及皮毛、眼睛、耳朵、四肢、触诊压痛点等异常变化。

（3）记录人员对主诊人检查所得要及时填入病历表中，文字要简洁。

（4）临诊症状收集完毕后，小组讨论，辨别证候，做出初步判断，讨论治疗方案。

【注意事项】

(1)选择病例时要先与主人沟通,选择宠物主人愿意采用中兽医药治疗的病例。

(2)检查和治疗过程操作要轻柔,避免对患犬脊柱造成二次伤害。

(3)实习病例中若发现患犬有传染病或疑似传染病,要严格做好消毒工作。

(四)结果观察

将通过望、闻、问、切四诊所获得的详细临床表现信息对患犬进行辨证分析,并根据辨证结果采用针灸、中药、推拿、食疗等中兽医方法给予治疗,记录治疗效果,详细填写病历记录。

(五)分析讨论

双后肢无力症状的常见证型有哪些?请结合病例描述中兽医治疗该病证的治疗方法及疗效。

实训十一　犬猫下泌尿道综合征的辨证论治

犬猫下泌尿道综合征是犬猫临床常见的泌尿道疾病，以尿血、尿闭、尿失禁、膀胱不能完全排空等为临床特征，通常由细菌感染、自发性膀胱炎、膀胱结石等造成。西兽医通常采用以消炎、止痛为主的治疗方案，如有结石则利用手术取出结石。该病复发率高，经久不愈者选择尿道改造手术予以治疗。中兽医治疗犬猫下泌尿道综合征疗效显著，能有效降低复发率。

（一）实验目的

掌握犬猫下泌尿道综合征的常见类型、病因病机及常用中兽医诊治方法。

（二）实验材料

1. 实验动物

动物医院临诊病例。

2. 实验药物

常用中草药，生理盐水。

3. 实验器材

血常规仪检测器1台，生化检查仪器1台，彩超设备1台，DR设备1台，电针仪1台，针灸架1台，不同型号针灸针若干，头皮针，2 mL注射器，消毒棉球若干。

（三）方法和步骤

本实训是理论联系实际的重要环节，为了更好地完成实习，根据班级情况将学生分成几组，每组设组长一人，按下列方法与步骤进行实习实训。

1. 诊断

尿血、尿闭、尿失禁、膀胱不能完全排空等临床特征在临床中比较常见，为避免耽误病情，需要与肾衰等其他内科病区别开来，所以需借助西兽医检查设备帮助确诊。待西兽医诊断为下泌尿道综合征后，再进行中兽医辨证及治疗。

(1)望诊

仔细观察患病动物的精神、眼睛、鼻、口色、尿液颜色及性状等。

(2)闻诊

仔细嗅患病动物的尿液、口腔、皮肤气味。

(3)问诊

各小组派一代表仔细询问发病经过,包括发病史、发病时间、是否遭受应激等,其余成员认真记录问诊结果。

(4)切诊

仔细触诊患病动物耳温、皮温、四肢温度、毛发情况、脚垫情况,围绕切诊的六纲,试着掌握诊脉的基本手法,先由老师做示范,然后同学们逐个进行诊脉,并在病历上记录自己诊脉的结果。

2. 辨证论治

综合望、闻、问、切四诊的结果做出中兽医诊断并给予相应的中兽医治疗。

犬猫下泌尿道综合征的基本病机为湿热蕴结下焦,肾与膀胱气化不利。该病证常见的中兽医证型有热淋、血淋、石淋、气淋、劳淋,涉及的脏腑有脾、肾、肺、膀胱、肝、三焦、小肠。若湿热聚于下焦,膀胱气化不利,小便灼热刺痛,则为热淋;若膀胱湿热,灼伤血络,迫血妄行,血随尿出,以致小便涩痛带血,乃为血淋;若肾阴不足,虚火扰动阴血,亦为血淋;若湿热久蕴,熬尿成石,遂致石淋;若肝气失于疏泄,气火郁于膀胱,则为气淋;若中气不足,气虚下陷,膀胱气化无权,亦成气淋;若久淋不愈,湿热留恋膀胱,由腑及脏,继则由肾及脾,脾肾受损,正虚邪弱,遂成劳淋。

病理性质有实、有虚,且每见虚实夹杂之证。初起多属实证。淋久湿热伤正,每致脾肾两虚,由实转虚。如邪气未尽,正气渐伤,或虚体受邪,则成虚实夹杂之证。

(1)热淋

① 主证:尿频,排尿刺痛,尿液颜色为黄或偏红,腹部疼痛,舌色红,脉弦数等。

② 治则:宜清热利湿。

③ 方药:中药八正散、四妙散并根据临诊表现酌情加减。

④ 针灸:可酌情选用肾俞、膀胱俞、后三里、中付、滴水、大椎、尾尖等穴位。

(2)血淋

① 主证:排尿困难,疼痛感明显,尿血,舌色红,苔黄,脉弦。

② 治则:宜清热凉血止血。

③ 方药:中药小蓟饮子或根据临诊表现酌情加减。

④ 针灸：可酌情选用膀胱俞、膈俞、脾俞、肾俞、后跟、大椎、滴水、悬枢等穴位。

(3)石淋

① 主证：尿频，尿闭，超声或DR检查可见结石影像，舌色红，苔黄，脉数。

② 治则：宜清热利湿，化石止痛。

③ 方药：中药八正散或据临诊表现酌情加减车前子、金钱草、海金沙等化石通淋药。

④ 针灸：可酌情选用肝俞、脾俞、肾俞、三焦俞、膀胱俞、足三里、后跟、后六缝、大椎、尾尖等穴位。

(4)气淋

① 主证：尿淋漓点滴而下，患畜易怒，热象明显，下腹部疼痛明显，舌色紫，脉弦。

② 治则：宜疏肝理气清热。

③ 方药：中药逍遥散或柴胡舒肝进行治疗，或据临诊表现酌情加减。

④ 针灸：可酌情选用三焦俞、膀胱俞、肝俞、胆俞、阳陵泉、后六缝、大椎、尾尖等穴位。

(5)劳淋

① 主证：长期滴尿，尿中带血，憋不住尿，后肢酸软无力，舌色苍白，脉细弱。

② 治则：宜补益脾肾，清热利湿。

③ 方药：中药肾气丸，或根据临诊表现酌情选择淫羊藿、补骨脂、党参、黄芪、白术、茯苓、瞿麦、通草等进行加减组方。

④ 针灸：可酌情选用肾俞、大椎、膈俞、脾俞、胃俞、百会、后三里、气海俞、膀胱俞、关元等穴位。

3.注意事项

(1)治疗过程中及时与宠物主人做好沟通，如出现尿闭，须及时送往医院。

(2)在学生讨论过程中，老师应起到引导作用，引导学生由浅入深、由表及里，通过各种诊断方法，抓住本病的主要特征，正确做出诊断。

(3)严明组织纪律，注意安全教育，防止事故的发生。

(四)结果观察

根据四诊收集的临床资料对患犬进行中兽医辨证、遣方用药并开具处方。记录治疗效果，详细填写病历记录。

(五)分析讨论

分析讨论犬猫下泌尿道综合征的中兽医证型及论治法则。

参考文献

1. XIE H S, PREAST V. Traditional Chinese Veterinary Medicine Fundamental Principles [M]. 2rd ed. Reddick: Chi Institute Press, 2013.

2. 葛铭，李继红. 宠物中医诊疗[M]. 北京：中国农业科学技术出版社，2008.

3. 胡元亮. 实用动物针灸手册[M]. 2版. 北京：中国农业出版社，2014.

4. 胡元亮. 小动物针灸技法手册[M]. 北京：化学工业出版社，2009.

5. 康廷国. 中药鉴定学[M]. 4版. 北京：中国中医药出版社，2016.

6. 林义明，白朝勇. 中兽医方剂学[M]. 成都：成都科技大学出版社，1995.

7. 刘波，滕坤. 中药炮制学实验实训操作技术[M]. 北京：北京科学技术出版社，2016.

8. 刘娟，朱兆荣. 兽医中药学[M]. 重庆：西南师范大学出版社，2014.

9. 刘钟杰，许剑琴. 中兽医学[M]. 4版. 北京：中国农业出版社，2011.

10. 陆钢. 中兽医外科及伤科学[M]. 北京：北京农业大学出版社，1993.

11. 罗超应，郭宝发，李锦宇. 犬病针灸按摩治疗图解[M]. 北京：化学工业出版社，2019.

12. 帕丽达·阿不力孜，王晓文. 药用植物学与生药学实验及学习指导[M]. 北京：科学出版社，2006.

13. 汪德刚. 中兽医基础与临床[M]. 北京：中国农业大学出版社，2005.

14. 吴大梅. 中医实验学[M]. 北京：科学出版社，2017.

15. 姚东云，朱艳. 中药炮制技术[M]. 2版. 重庆：重庆大学出版社，2019.

16. 张静，王慰. 中药鉴定技术[M]. 重庆：重庆大学出版社，2016.

17. 张克家. 中兽医内科学[M]. 北京：北京农业大学出版社，1991.

18. 赵海沄. 中兽医诊断学[M]. 长春：吉林科学技术出版社，1989.

19. 赵学思. 宠物中医药临证指南[M]. 北京：中国农业科学技术出版社，2019.

20. 赵婵娟，张森. 中兽医基础与临床[M]. 北京：北京师范大学出版社，2019.

21. 郑继方，罗永江，辛蕊华. 传统中兽医诊病技巧[M]. 北京：中国农业出版社，2016.

22. 中国兽药典委员会. 中华人民共和国兽药典：二部(2020年版)[M]. 北京：中国农业出版社，2020.

23. 中国畜牧兽医学会. 中国兽医针灸学[M]. 北京：农业出版社，1984.

24. 钟秀会. 中兽医学实验指导[M]. 3版. 北京：中国农业出版社，2016.

25. 国家市场监督管理总局，国家标准化管理委员会. 动物腧穴名称与定位 马属动物：GB/T 41626—2022[S/OL]. (2022-07-11)[2023-07-11]. https://openstd.samr.gov.cn/bzgk/gb/newGbInfo? hcno=C1C5E29969359971105EADFB7DEC7354